|光明社科文库|

中国区域经济调控法治化研究

邓 晔 ◎ 著

光明日报出版社

图书在版编目（CIP）数据

中国区域经济调控法治化研究 / 邓晔著． -- 北京：光明日报出版社，2022.12
ISBN 978－7－5194－7029－6

Ⅰ.①中… Ⅱ.①邓… Ⅲ.①区域经济—经济管理—经济法—研究—中国 Ⅳ.①D927.022.904

中国版本图书馆 CIP 数据核字（2022）第 251450 号

中国区域经济调控法治化研究
ZHONGGUO QUYU JINGJI TIAOKONG FAZHIHUA YANJIU

著　　者：邓　晔	
责任编辑：史　宁	责任校对：许　怡　贾　丹
封面设计：中联华文	责任印制：曹　净

出版发行：光明日报出版社
地　　址：北京市西城区永安路 106 号，100050
电　　话：010－63169890（咨询），010－63131930（邮购）
传　　真：010－63131930
网　　址：http://book.gmw.cn
E - mail：gmrbcbs@gmw.cn
法律顾问：北京市兰台律师事务所龚柳方律师
印　　刷：三河市华东印刷有限公司
装　　订：三河市华东印刷有限公司
本书如有破损、缺页、装订错误，请与本社联系调换，电话：010-63131930

开　　本：170mm×240mm	
字　　数：149 千字	印　　张：12
版　　次：2024 年 1 月第 1 版	印　　次：2024 年 1 月第 1 次印刷
书　　号：ISBN 978－7－5194－7029－6	

定　　价：85.00 元

版权所有　　翻印必究

序

基于我国地域广阔、族群多样、区际交叉、产业群聚集等特点，要实现全国整齐划一的经济调控发展模式是不切实际的做法，因地制宜、充分发挥特定区域的主观能动性才是国家的必然选择。经济特区、高新技术开发区、经济开发区等成功的经验和丰厚的回报也为实行区域经济发展提供了良好的注脚。鉴于区域经济及其调控一直以来是经济学界与区域一体化过程中不可回避的重大课题，结合我国全面依法治国的大背景，本书提出将区域经济的调控纳入法治化轨道的观点。笔者认为，在推进区域经济一体化过程中，要有效实现区域经济合作、产业调整、金融税收调控等方面的无缝对接，使区域经济在一体化时达到1+1>2的整体效应，必须将调控方式法治化。只有这样，才能真正促进区域经济的稳健、高效发展，才能确保区域经济调控走向规范化、法治化。

研究思路上，本书采用"一二三"的研究模式，即一根主线、两个问题、三条途径。所谓一根主线，就是把区域经济调控法治化作为贯穿全文的中心命题。通过对国内外区域经济调控研究现状、研究方法和研究理论的梳理，提出区域经济调控法治化是区域经济良性、健康、稳步发展的必由之路，也是区域经济发展到一定阶段的必然要求。围绕这一主线对有关区域经济和区域经济学的一些基本理论展开研究，在此基础上提出两个问题，即我国区域经济调控法治化问题中具体的理论问题和实践问题。通过对宏观层面调控的调控主体、受控主体、法治化的原则、立法模式等理论上的探讨，再深入到区域经济调控法治化微观层面的区域产业结构、投资开发、合作与扶助等制度中软硬法调整问题的研究，从而使区域经济调控法治化问题不再完全是空洞的理论，而具有实践性的内容。在区域经济法治化的路径上，运用经济法学、行政管理学及行政法学等理论研究成果，以硬法、软法及软硬兼施为分析工具，提出区域经济调控真正实现法治化的途径：既要重视区域经济调控中的软法，又要重视区域经济调控中的硬法，尤其是将两种调控方式有机地结合，才能实现区域经济调控法治化。

研究成果上，本书有四大创新成果：一是创造性地提出了区域经济调控法治化的观点。以往的研究成果大多从区域经济协调发展机制上去探讨，或者从区域开发中的法律问题来探讨，或者从区域经济一体化的法律制度来研究，而本书则提出要进行法治化，否则将不利于区域经济的长效发展，容易使区域经济发展陷入恶性竞争、无序发展的泥潭。二是创造性地从硬法与软法角度来研究区域经济调控法治化问题。这种研究方法在国内外均无相关研究。以往的学者，如叶必丰、刘亨隆、董玉明等人，要么从行政协议来研究，要么从立法角度来研究，要么从区域经济与软法问题来研究，但都没有注意到，在我国区域经济调控法治化进程中，不能顾此失彼，而应两者兼顾，既要制定强制性的硬法，还要承认相关软法的效力。只有运用软硬两种法律，才能真正实现区域经济调控的法治化，促进区域经济的快速发展。三是创造性地从软硬法两方面试图建立区域经济调控法律体系。从硬法层面来讲，区域经济调控法律制度包括区域产业结构调整法律制度、区域投资开发法律制度、区域经济合作与扶助法律制度，因为区域经济调控主要内容就是上述三方面。

从软法层面来讲，区域经济调控法律制度包括中央立法主体和地方立法主体制定的框架协议、财政政策、税收政策、金融政策、国家投资政策等。四是创造性地提出区域经济调控法治化是公共选择的结果，而不是立法者的理性设计。改革开放以来，我国在推动区域经济发展方面做出了多个规划和设计，也就是说，区域经济领域的制度设计是一种顶层设计，无论是计划经济时代还是市场经济时代，我国区域经济调控制度均带有明显的强制性变迁特征。但是当区域经济发展到现有阶段，以及社会调控主体多元化的今天，公共选择理论对于区域经济调控法治化无疑具有最佳效果。因而带有软法性质的契约化的协定、协议应当成为区域经济调控法制化的必然选择和主流形态。

随着国家经济发展进入新常态，国际与国内双循环发展格局基本形成，各省区域内和省际之间毗邻区域的合作将有更大的发展空间，在全面依法治国的治理模式下，区域经济调控走向法治发展是唯一的选择。笔者相信，本书的出版在一定程度上会推动区域经济调控能力水平，也会为区域间政府合作提供理论上的引导。当然囿于作者的人生阅历、工作经历，书中某些观点有不成熟之处，在此敬请各位专家同仁不吝批评。

是为序。

邓晔

2022年9月

目 录
CONTENTS

第一章 导 论 ·· 1

第二章 我国区域经济与区域经济调控 ···································· 13
 第一节 我国区域经济概述 ·· 13
 第二节 我国区域经济调控相关问题 ···································· 21
 第三节 我国区域经济调控与宏观经济调控 ························· 26

第三章 我国区域经济调控法治化基本理论 ····························· 33
 第一节 区域经济调控法治化的必要性 ································ 34
 第二节 区域经济调控法治化的法理阐释 ···························· 43
 第三节 区域经济调控法治化的内涵 ··································· 49

第四章 我国区域经济调控法治化宏观分析 ····························· 64
 第一节 区域经济调控软硬法的提出背景 ···························· 64
 第二节 区域经济硬法调控的相关问题 ································ 67
 第三节 区域经济软法调控的相关问题 ································ 77

第五章　我国区域经济调控法治化微观分析 …………… 94
　第一节　区域产业结构调整法治化 ………………………… 95
　第二节　区域投资开发调控法治化 ………………………… 115
　第三节　区域经济合作与扶助的法治化 …………………… 135

第六章　我国区域经济调控法治化的具体实践 …………… 146
　第一节　珠三角区域调控的法治实践 ……………………… 146
　第二节　长株潭经济区域调控的法治实践 ………………… 153
　第三节　武汉城市经济圈调控的法治实践 ………………… 159

结　语 …………………………………………………………… 167
参考文献 ………………………………………………………… 169
后　记 …………………………………………………………… 181

第一章

导 论

一、选题背景与意义

（一）选题背景

改革开放为中国经济的迅猛发展注入了强大动力，发展成就举世瞩目。资料显示，在2010年第二季度，中国GDP为1.33万亿美元，日本为1.28万亿美元，中国超过日本0.05万亿美元，首次成为世界第二大经济体。[1] 自此之后至今已12年，中国经济稳居世界第二，并将于2030年左右超越美国而成为世界第一大经济体。在经济飞速发展的同时，我国经济也像西方资本主义国家早期的经济繁荣期一样，"一些地区获得快速增长的同时，有的地区发展却极其缓慢，区域经济出现的问题引起了许多学者的关注"[2]。如何调控我国区域经济发展过程中出现的种种问题就成了我国学术界与实务界的一个重要命题。从经济学的角度来看，有人提出区域经济均衡发展理论和非均衡发展理论；从行政管理学角度来看，

---

[1] 陈佳贵，李扬. 经济蓝皮书：2011年中国经济形势分析与预测 [M]. 北京：社会科学文献出版社，2011：129.

[2] 魏志达. 递进中的崛起：中国区域经济发展考察（1979—2009）[M]. 上海：东方出版中心，2011：7.

有人提出"政府主导、市场为辅"的调控模式;从经济法学研究角度来看,有提出制定区域经济调控法、区域市场规制法等观点。

不可否认,上述研究者的角度及其观点对我国区域经济的发展具有一定的现实性和指导意义。然而,其研究的视野和选取的视角却具有一定的局限性:一是经济学者仅从经济学本身的视角来研究问题,难免有"瞎子摸象"寓言中以偏概全的结论;二是行政管理研究者的观点虽然注重了政府与市场两个主体,却突出政府的作用,不符合社会主义市场经济本质上是法治经济的论点;三是经济法学者大多从宏观的视角来研究此问题并提出制定法律的观点,未免过于宏观,从而使其研究成果无法得到现实操作性的结果,也易于沦为纸上谈兵之虞。

那么,如何有效地对区域经济进行调控呢?本书以为,要有效提出区域经济调控的方案,就必须从社会主义市场经济是法治经济这个大背景下,结合区域经济属于宏观经济的中观层面这一典型特征,来进行研究。著名经济学家吴敬琏通过对我国宏观经济分析后指出:"目前我国的经济发展面临着一系列棘手的问题需要解决。从根本上说,解决这些问题的关键是建立一个在法治基础上公平竞争的市场,……而所有的改革关键其实都在于政府自身的改革。"① 从吴老的话来推断,他是非常注重国家的宏观经济建立在法治的基础之上的,而宏观经济要实现法治化,最核心的问题还是区域经济的法治化。没有区域经济的法治化,就没有宏观经济的法治化。基于此,我们提出区域经济调控法治化的观点。在当前理论界的研究中,虽然有学者提出了对区域经济调控进行立法的观点,但是由于对其基础理论研究不足、具体分析不够、探索路径不明等原因,从而使其研究建于浮萍之上,难以结出甘甜硕果。

---

① 吴敬琏."十二五"中国宏观经济态势和展望[J].探索与争鸣,2011(7):3-8.

(二) 研究意义

理论上的意义有以下三方面。

一是拓展了经济法研究视野。传统经济法研究往往注重宏观经济的研究，或微观经济上的细致考量，但对于中观层面的区域经济研究相对较少，而对于区域经济调控及其法律制度则更是缺乏系统研究，如区域经济调控的主体、方式及立法等方面。本书从中观层面对区域经济进行研究，大大拓展了经济法的研究范围，丰富了经济法的内涵。

二是奠定了区域经济调控法治的理论基础。以往的学者在研究区域经济时善于提出问题，而不善于解决问题，或者热衷于泛泛而谈。在当前我国区域经济调控中最重大的理论问题没解决的前提下，直接就提出立法的论调，显然缺乏了最基础的支撑。本研究着重对于区域经济调控法治化进行理论与实践的分析，切实提出了区域经济调控的法治基础。

三是为解决区域经济发展不平衡扫清了法理上的障碍。尽管我国大数研究区域经济方面的学者都明白区域经济调控法治化的重要性，指出"我国区域经济的发展也应当遵循法治原则，充分运用法律手段来保障和促进区域经济发展战略的顺利实现"，[1] 也提出了如何进行法治建设的构想，但由于为何要法治化、如何法治化方面的法理研究不足，从而导致研究成果难以得到国家层面的认可。而本书的研究解决了这一问题，从而在实现区域经济法治的法理方面扫清了障碍，有助于把区域经济法治化问题推向立法的快车道。

实践上的意义有四方面。

一是使区域经济调控更加具有可操作性。目前我国几大区域经济体中，一个较为突出的问题是各行其是，各有策略。这种多样化的政策性

---

[1] 章峥. 区域经济协调发展与法治 [M]. 北京：北京大学出版社，2006：27.

措施带来的弊端是非常明显的：地方保护主义盛行，使社会主义市场经济名不符实；投资优惠政策竞争恶性发展，使优惠政策不再体现优惠价值；重复建设、产业结构趋同，抑制区域经济的良性发展等。而区域经济实现法治化则使各经济区域内各项政策都有法可依、有据可循，从而克服以往无法治化的弊端。

二是有利于解决区域经济调控中的基础性与长远性问题。如前文所述，区域经济发展过程中的短视行为使区域经济不均衡发展尤为突出，若任由这一现象蔓延而不进行法治上的调控，那么必将影响整个宏观经济的发展，也会对区域经济的长远发展带来不利影响。从国际区域经济发展的成败经验来看，凡是实行区域经济法治化的国家和地区，其经济运行都得到良性的发展，并成为各国在区域经济发展中的范本[1]；凡是未实行区域经济法治化的国家和地区，则不仅经济发展受到阻碍，而且带来非常严重的后果[2]。因此，区域经济的法治化既是当前一项极为紧迫的任务，也是未来一段时期区域经济良性健康发展的必要举措。

三是促进区域经济更加理性、更加协调发展。当前在我国区域经济发展与运行过程中出现几大矛盾，主要表现为四方面[3]：第一，中央宏观调控政策与地方经济发展要求之间的矛盾；第二，市场机制在资源配置中的基础作用与市场准入监管机制之间的矛盾；第三，生产要素集中化

---

[1] 1965年，美国的落后地区阿巴拉契亚区域的人均收入仅相当于美国平均水平的78%，为促进落后地区的发展，美国先后颁布了《地区再开发法》《公共工程和经济开发法》《阿巴拉契亚区域开发法》等，到了1991年，该区域人均收入提高到美国人均水平的83%。

[2] 20世纪50年代，前苏联在哈萨克、乌拉尔和西伯利亚等地区毁林毁草开垦6000万公顷土地，结果遭到大自然的无情报复，1963年沙暴席卷垦荒区，受灾面积占垦区面积的80%。参见：尹中卿. 国外依靠法律促进地区均衡发展的有益经验[J]. 民主与法制建设，2001（8）．

[3] 张宝贵. 我国区域经济发展状况、问题及建议[M]//刘隆亨. 中国区域开发的法制理论与实践. 北京：北京大学出版社，2006：75．

趋势与区域经济协调发展之间的矛盾;第四,扩大企业发展空间与严格控制占地和审批之间的矛盾。要化解上述矛盾,需要采取政治、经济、行政等手段,但更为重要的是采取区域经济法治化的方法,促使区域经济更加理性、更加协调地发展。

四是有利于国家与社会的长治久安。区域经济调控能否法治化,不仅是一个法律问题或经济问题,也是一个政治问题。改革开放以来我国珠三角、长三角及环渤海经济区的经济发展非常迅猛,但同时带来全国经济发展极不平衡现象,经济区域内部之间、内部与外部之间矛盾不断加深,一定程度上影响到国家的治理和社会的安定,若不利用法律的手段将区域经济发展中存在的各种问题进行处理,势必将会给我国社会长治久安带来不利影响。国外因区域差距导致国家分裂的事实也证明了这一点。(见下表)因而研究这一课题,有利于实现国家的长治久安。

表1-1 地区差距所导致的国家分裂问题典型案例[1]

	案例	原因
落后地区分裂	英国爱尔兰问题	区域差距、民族问题、宗教问题
	巴基斯坦分裂	区域差距、外国势力介入
	墨西哥恰帕斯问题	区域差距、政府不当改革
	前南斯拉夫科索沃问题	区域差距、政府改革不当、民族问题
发达地区分裂	比利时佛拉芒问题	区域差距、语言问题
	西班牙巴斯克问题	区域差距、民族问题、历史问题
	印度旁遮普问题	区域差距、民族问题、宗教问题
	苏联波罗的海问题	区域差距、历史问题

---

[1] 李猛. 中国区域非均衡发展的政治学分析[J]. 政治学研究, 2011 (3): 111-126.

二、国内外研究综述

（一）国外研究情况

国外学者研究该问题主要是从区域经济一体化的角度来进行研究的。在他们看来，区域经济一体化的形成与发展离不开法律，而在这方面实现法治化，主要体现在经济、贸易、知识产权、非关税措施的限制与取消等方面的法治化。研究对象以欧盟、北美自由贸易区等为主。具体来说有以下研究：冈泽·特本尔（Gunther Teubenr）在其著作《没有国家的全球法》（1997）研究了区域一体化过程中的法律多元化、全球劳工法、全球人权法等内容；理查德·伯尔文（Richard Baldwin）在《市场一体化：区域主义和全球经济》（1999）一书中从经济模式角度对区域经济一体化进行了分析；美国哥伦比亚大学教授沃尔特·马得里（Walter Mattli）在《区域一体化的逻辑》（1999）一书中以欧盟为重点，把法律机制看作是实现区域经济一体化的前提条件；此外，比吉特·伯那（Bijit Bora）的《区域一体化和亚太》（1996）、科斯登·阿帕迪尼（Kirsten Appendini）的《在北美自由贸易区和欧盟的经济一体化》（1999）、弗里得里克·阿伯特（Frederick M. Abbot）的《区域一体化的法律和政策——有关北美自由贸易区》（1995）等均对此问题进行了一定的研究。值得一提的是，我国学者也把研究视野投向了这些跨国的区域经济体的法律制度，主要有邵景春的《欧洲联盟的法律制度》、王世洲的《欧共体法律制度的制定与执行》、杨丽艳的《东盟的法律和政策与现代国际法》和陈芝芳的《北美自由贸易协定——南北经济一体化的尝试》。这些研究成果对我国区域经济法治化具有重要的参考价值。

（二）国内研究现状

我国学者对区域经济调控法治化的研究集中在以下五方面：

第一，关于区域经济调控法的体系和内容。徐孟洲教授在《论区域经济法的理论基础和制度构建》一文中，提出了区域经济法包括区域经济调控法、区域市场规制法等四个部分，其中，区域经济调控法主要包括区域规划和产业政策法、区域财税调控法、区域金融调控法。殷洁教授在其论文《区域经济的学理解析及其体系构架》中则指出，区域经济法的体系应当按照它所调整的社会关系来划分，主要包括区域经济管理机构法、经济区划法、区域经济规划法、特别经济区法等近十个部分，而属于区域经济调控法内容的主要是区域经济协调发展法、区域经济规划法、区域经济合作法等。

第二，关于区域经济调控的立法。卫鹏鹏在《中国区域经济协调发展机制研究》一书中①，提出要制定区域协调发展的基本法《国土开发整治法》和《区域性经济合作管理体制法》。学者宣文俊、王春业在对长江三角洲区域经济调控法律问题分析时指出，不能用调整行政区划的方法来确定立法主体的观点，而应当设立跨区域立法机构。② 但也有学者提出，既然不能按照调整行政区划，也不能设立特定的跨区域立法主体，那么就只能在现有的行政区划和经济联系密切的基础上实现经济区域内各个省级地区的法制协调③。

第三，关于特定区域的调控或者特定的区域经济调控政策及其立法。学者们重点研究的区域有西部、中部和环渤海等地区，如董玉明的《中

---

① 卫鹏鹏. 中国区域经济协调发展机制研究 [M]. 武汉：中国地质大学出版社，2009：124-126.
② 宣文俊. 关于长江三角洲地区经济发展中的法律问题思考 [M] //王春业. 长三角经济一体化的法制协调新模式.
③ 殷洁教授在《我国区域经济一体化背景下的经济法制协调》提出了通过有效的经济合作协议来实现法制协调的建议；张素伦在《区域协调发展法律机制研究》提出了设立中央协调机构和地方协调机构的建议；叶必丰教授在《长三角经济一体化背景下的法制协调》中提出了强化和完善行政契约制度、加强地方立法和地方规章的制定和整理的建议、推进公众参与、加强和重视评估工作的建议。

部崛起法律问题的思考》，肖周录的《西部经济发展与法制建设的若干问题》，刘建钢的《西部开发生态环境保护监督立法的制度完善与重构》，陈宇的《论西部大开发的经济法视角》，罗若愚、周立群的《环渤海湾地区经济一体化发展研究》等。

第四，关于区域开发及其立法问题。主要研究有刘隆亨教授的《我国区域开发的沿革、基本理论和立法定位研究》，刘水林、雷兴虎教授的《区域协调发展立法的观念转换与制度创新》，熊英的《区域经济发展中的地方立法问题》。

第五，关于区域经济中的软法问题。学者杨丽艳在《区域经济一体化法律制度研究——兼评中国的区域经济一体化法律对策》中提出了三种不同的模式，即高度经济一体化超国家因素的以硬法机制为主的欧共体模式、南南经济合作型的以软法机制为主的东盟自由贸易区模式和南北经济合作型的混合软、硬法机制的北美自由贸易区模式。朱最新教授在《论区域一体化法律治理的三种模式》一文中提出硬法治理模式、软法治理模式和混合治理模式，并指出，硬法治理是美国州际合作的制度基础，软法治理是粤港澳经济一体化的次优选择，混合治理则是欧洲一体化得到法律化、制度化和规范化的保证。

三、研究思路及论文结构

（一）研究思路

根据已有的研究成果，结合该研究发展现状，本书确定以下研究思路：以区域经济调控这一主题为轴心，从中观层面来研究该领域的法律问题，提出区域经济调控法治化的是区域经济良性、健康、稳步发展的必由之路，也是区域经济发展到一定阶段的必然要求。进而以此为中心展开相关基本理论研究,为我国区域经济调控法治化提供理论支撑,同时又结合实际进行分析,重点论述区域经济调控法治化中的几个重要法律制度,指出我国区域经济调控法治化的路径。结合区域经济调控这一主线,在如何法治化问题上研讨区域经济调控法治化中具体的理论问题和实践问题,通过对宏观层面调控的立法主体、执法主体、制约机制、合作机制等理论上的探讨,再深入区域经济调控法制化微观层面的区域产业结构、投资开发、合作与扶助等制度的研究,使区域经济调控法治化问题不再完全是空洞的理论,而具有实践的内容。在区域经济法治化的路径上,运用经济法学、行政管理学及行政法学等理论研究成果,以硬法、软法及软硬兼施为分析工具,提出区域经济调控真正实现法治化的路径。简言之,本书研究思路可归纳为"一二三模式",即一根主线、两个问题、三条途径。

(二)本书结构

全书共分六章。第一章主要探讨选择研究本课题的背景与意义、论文的创新之处,本章的目的在于提出问题。第二章则对我国区域经济的一些基本问题进行阐述,重点论述区域经济与区域经济调控、宏观经济调控之间的关系,并梳理了我国区域经济发展的历程,对这些问题进行探讨,旨在为下一步的研究作铺垫。第三章专门研究我国区域经济调控法治化的基本理论,本章既是对我国区域经济调控法治化的理论创新,又是为下文的研究提供理论支持。在创新方面,主要有两点:一是从法理学的角度解释了为什么区域经济调控要走法治化之路,这是目前论述区域经济学者普遍忽视而又不得不面对的问题,本书对此进行初步的探索;二是从区域经济调控法治化的内涵入手,提出了我国区域经济调控法治化所应采取的立法模式,即本书的立论,实行软硬相结合的立法模式。该观点的提出,既是对区域经济法学研究领域的突破,又是对区域经济调控的实践中所采取方式的一种提升。在我国区域经济调控实务中，我们不得不承认，当前调控区域经济的硬法不足的现实，而带有软法性质的大量区域合作协议则在其中起着举足轻重的作用，因此，我国的区域经济调控立法模式必须走软硬结合之路，除此之外，别无他途。第四章与第五章则分别从宏观与微观层面分析了我国区域经济调控法治化的软硬情况。从某种意义上来说，第四章的宏观分析又是第五章微观分析的理论基础，因为在第四章里着重分析了区域经济调控的软法与硬法调控主体、受控主体及其权限，并对区域经济软硬调控中的法律责任问题进行了研究，从而在宏观方面探讨了区域经济软硬法调控的理论问题，这样为第五章研究具体问题奠定了基础。在第五章里，本书把区域经济调控中的三个重点内容——区域产业结构调整、区域投资开发及区域合作与扶助，分别从软硬法层面进行微观的研究，探讨它们在实践中存在的问题及软硬法调控的内容，目的在于把软硬法调控模式最佳组合到我国区域经济的调控之中。至此，本书基本形成了一个完整的结构体系。但是，还有一个问题不容忽视：即我国区域经济调控实践中贯彻软硬法情况，或者说，如果从软硬法治的视角来看，我国区域经济调控在实践中如何进行？由此，我们引申出第六章的研究。在本章里，主要选取比较典型的四大经济区域——珠三角、长三角、长株潭、武汉城市圈进行研究。它们既有跨省的区域，也有省内的区域，既有东部经济区，又有中部经济区，较为全面地反映出我国区域经济调控的软硬法实践。

四、研究方法与创新之处

（一）研究方法

本书采取的研究方法有语义分析法、历史研究法、比较研究法、模型研究法等多种方法。语义分析法主要对区域经济、区域经济调控、软法等概念性的内容进行词义上的阐释，使这些概念得以明确其内涵与外延；历史研究法则通过对我国区域经济发展历程的回顾，展示了我国不同时代区域经济调控的特点，为研究本课题提供了参照系，避免使研究方法重复、研究结论趋同、研究价值减少；比较研究法则着重对不同时期、不同区域的调控方式、调控手段等进行比较研究，通过比较发现它们之间的异同，为解决区域经济调控中的相关问题提供新的思路；模型研究法则是对区域经济调控不同模式、区域经济调控立法模式等进行研究，直观地反映出各种模式的优劣。以上研究方法，有的单独运用，有的综合运用，呈交叉式进行，其目的均是为研究和解决问题提供不同的手段。

（二）创新之处

本书创新之处有以下四个方面：

一是提出了区域经济调控法治化的观点。以往的研究成果大多从区域经济协调发展机制上去探讨，或者从区域开发中的法律问题来探讨，或者从区域经济一体化的法律制度来研究，而本书则提出要进行法治化，否则将不利于区域经济的长效发展，易于使区域经济发展陷入恶性竞争、无序发展的泥潭。

二是从硬法与软法角度来研究区域经济调控法治化问题。这种研究方法在国内外均无相关研究。以往的学者，如叶必丰、刘亨隆、董玉明等人，要么从行政协议来研究，要么从立法角度来研究，要么从区域经济与软法问题来研究，但都没有注意到在我国区域经济调控法治化进程中，不能顾此失彼，而应两者兼顾，既要制定强制性的硬法，还要承认相关软法的效力。只有运用软硬两种法律，才能真正实现区域经济调控的法治化，促进区域经济的快速发展。

三是建立了区域经济调控法律体系。从硬法层面来看，本书认为，区域经济调控法律制度包括区域产业结构调整法律制度、区域投资开发法律制度、区域经济合作与扶助法律制度，因为区域经济调控主要内容就是上述三个方面。从软法层面来看，区域经济调控法律制度包括中央立法主体和地方立法主体制定的框架协议、财政政策、税收政策、金融政策、国家投资政策等。

四是本书提出区域经济调控法治化是公共选择的结果，而不是立法者的理性设计。改革开放以来，我国在推动区域经济发展方面做出了多个规划和设计，也就是说，区域经济领域的制度设计是一种顶层设计。无论是计划经济时代还是市场经济时代，我国区域经济调控制度均带有明显的强制性变迁特征，但是当区域经济发展到现有阶段，以及社会调控主体多元化的今天，公共选择理论对于区域经济调控法治化无疑具有最佳效果。因而带有软法性质的契约化的协定、协议应当成为区域经济调控法制化的必然选择和主流形态。

第二章

我国区域经济与区域经济调控

本章主要探讨我国区域经济及其调控的一些基本问题,如区域经济的定位、区域经济和经济区域、行政区域经济之间的关系,区域经济调控与宏观经济调控之间的关系等,旨在为区域经济调控法治化提供一个视角,弄清为什么要对区域经济调控实行法治化。也就是说,本章的目的是为后面的论证做一些基础性准备。

第一节 我国区域经济概述

一、区域经济的含义、性质和特征

(一)区域经济(regional economy)的含义

顾名思义,区域经济是指一定区域内的经济概况,那么其重点是"区域"二字。如何对区域经济中的区域进行划分呢?主要有三种方式:

第一种是以地理区域来划分，如华北区域、华南区域、西北区域、西南区域等，目前正在使用的"西部大开发"这一提法从某种意义上讲也是一种地理区域开发的概念。[①] 第二种是以行政区域来划分，它主要是国家根据行政管理的需要，将国内疆土和居民进行有层次的管理划分而形成的行政管理区域，因而行政区域经济主要探讨行政区域政府如何促进本辖区内经济的发展与管理等问题。第三种是以经济发展状况和特点来划分的，它是指生产力在一定的地域空间范围内运行分布的经济力量的区域组合，如人们经常使用的经济发达地区、经济落后地区、珠三角地区、长三角地区、中部地区等。本书使用的是第三种区域概念。因此，区域经济的定义就是指在一定区域内经济发展的内部因素与外部条件相互作用而产生的生产综合体，以一定地域为范围，并与经济要素及其分布密切结合的区域发展实体，它反映了不同地区内经济发展的客观规律以及内涵和外延的相互关系。

区域经济有广义和狭义之分，广义的区域经济包括一国国内区域经济和国际区域经济，像日本的北海道开发区，美国的田纳西河流域开发区，英国的苏格兰开发区，中国的长三角，环渤海经济区等均属于一国内的区域经济；而北美自由贸易区、东盟自由贸易区、欧洲共同体等则属于国际区域经济。本书的区域经济主要指狭义上的区域经济。

（二）区域经济的性质

传统上将经济划分为宏观经济与微观经济。宏观经济概念是由挪威经济学家拉格南尔·弗里什（Ragnar Frisch）于1933年建立"宏观经济学"时提出的。它是指整个国民经济或国民经济总体及其经济活动和运行状态。相比而言，微观经济则是指个别企业、经营单位及其经济活动，

---

① 鲁勇. 行政区域经济[M]. 北京：人民出版社，2002：2.

如个别企业的生产、供销、个别交换的价格等。后来，德国爱登堡大学的国民经济学教授汉斯·鲁道夫·彼得斯博士首次提出了区别于传统宏观经济和微观经济的新概念，即中观经济。由此在国家层面的经济活动就属于宏观经济范畴，在市场主体（企业）层面的经济活动则属于微观经济范畴，中观经济则是介于国家和单个企业之间的经济活动。

那么，区域经济在上述三个层面中属于何种范畴呢？

很多学者认为就区域经济的性质而言，它属于中观经济的范畴。中观经济作为国民经济中客观存在的经济层级，是一种介于宏观与微观之间的经济系统，它既是个量经济的集合，又是总量经济的分解，上承宏观、下启微观，发挥着作为纽带和桥梁的重要作用。区域经济作为中观经济的重要内容，体现了中观经济的特征和作用。我国地域辽阔，各个区域之间经济发展条件差异较大，这就需要发挥区域经济这一中观经济的作用，促进我国宏观经济的协调稳定发展。作为宏观经济的组成部分，区域经济的发展首先要以宏观经济利益为导向，区域经济的调控不得违反宏观经济调控政策的目标和原则。但是，区域经济作为相对独立的经济系统，其主观能动性的发挥，对推动宏观经济的发展具有重要的意义。区域经济作为宏观经济的局部，具有创新和突破功能，可以为宏观经济起到制度和政策试行的作用。

（三）区域经济的特征

从本书对区域经济含义的界定可以看出，区域经济的发展必然受到其特定区域范围内的政治、经济、社会、技术、政策等各种因素的制约，因而具有自身的特征。

第一，区域经济划分的多样性。主要指我国在不同历史阶段根据国家整体规划对不同区域采取不同的发展策略而形成的多种多样的区域经济划分。在"六五"计划期间，国家实施向东部沿海区域倾斜的区域发展战略,国家先后设立4个经济特区、14个沿海港口城市和沿海经济开发区。① "八五"计划期间,区域政策重心由东部沿海带状式发展演变为"以东部带中部及西部"的轴线式发展模式,因而经济区域就形成了东部、中西部两大区域经济。"九五"计划期间则明确提出"促进区域经济协调发展:以中心城市和交通要道为依托,逐步形成7个跨省区市的经济区域,分别为长江三角洲及沿江地区、环渤海地区、东南沿海地区、西南和华南部分省区、东北地区、中部五省区、西北地区。"② "十五"计划提出"实施西部大开发战略,促进地区协调发展",2003年党的十六届三中全会提出:"加强对区域发展的协调和指导,积极推进西部大开发,有效发挥中部地区综合优势,支持中西部地区加快改革发展,振兴东北地区等老工业基地,鼓励东部有条件地区率先实现现代化。"③ 至"十一五"和"十二五"计划期间,基本上沿用东部经济区、中部经济区和西部经济区的划分,只是在采取的策略上有所不同。

第二,区域经济的利益性。广义的区域利益指区域在国家政治、经济、文化、社会等诸方面的发展中,由自己的贡献和地位确定的各方面的总体权益;狭义的区域利益指区域在国家经济发展中,由自己的贡献所确定的经济利益。④ 因此,为获取区域经济利益,各地的区域经济管理和调控主体会在宏观经济政策的指导下,以本地区的经济利益为目标,相对独立地采取符合本地区实际情况的管理和调控政策、措施。这就是

---

① 14个沿海开放城市及经济开发区:天津、上海、大连、秦皇岛、烟台、青岛、连云港、南通、宁波、温州、福州、广州、湛江、北海(1985年4月开放)。
② 摘自1995年9月28日中国共产党第十四届中央委员会第五次全体会议通过的江泽民的《中共中央关于制定国民经济和社会发展"九五"计划和2010年远景目标的建议》,《人民日报》,1995年10月5日。
③ 摘自2003年10月14日中国共产党第十六届中央委员会第三次全体会议通过的《中共中央关于完善社会主义市场经济体制若干问题的决定》,《人民日报》,2003年10月22日。
④ 程必定. 区域经济学 [M]. 合肥:安徽人民出版社,1989.

区域经济发展的利益性的主要表现形式。当然，区域经济利益必须服从国家整体的经济利益，而且区域经济利益本身也非常复杂，需要从具体的情况来确定区域经济利益的主体、客体和内容等。

第三，区域经济发展的综合性。相对于宏观经济而言，区域经济反映了在一定区域内经济发展各项指标的综合情况，或者说是宏观经济在局部地区的缩影。区域经济作为社会劳动地域分工的结果，不论其包括的地域范围大小，都可以分解为若干产业、若干行业和若干经济部门，都可以形成其特有的所有制结构、技术结构和产业结构。所以，虽然区域经济只是国民经济的一个局部，但是依然具有相对的完整性和综合性。

第四，区域经济发展的差异性。各个地区都有不同的自然、社会和经济条件，这就导致各个区域的经济发展水平、经济结构和经济布局不同。地区之间的差异性是区域经济形成的基础，不同的地区，其地理条件、资源优势不同，人文传统、制度环境不同，生产力发展水平不同，采取的经济发展战略也不尽相同。也正是由于地区之间存在的各种差异，决定了国民经济在我国各个地区的布局，也决定了各项经济政策尤其是区域经济调控政策要切实依据各个经济区域的特殊情况来制定。

二、我国区域经济发展历程

我国区域经济发展经历了三段时期，即：改革开放前的平衡发展阶段（1952年—1978年），改革开放初期的非均衡发展阶段（1979年—2000年），以及改革开放成熟期的全面发展阶段（2001年—2010年）。

（一）改革开放前区域经济发展（1952年—1978年）

这一时期我国经济发展面临着复杂的国内和国际形势，一方面是旧社会留下来的工业发展畸形、分布极不均衡的经济结构。占国土面积不到12%的东部沿海地区集中了我国当时75%以上的工业，而占国土面积40%多的西北、内蒙古地区工业产值仅占全国的3%。[1] 另一方面是资本主义世界对我国进行全面的经济封锁，国家对外贸易极少。因而，我国采取了均衡发展战略，即通过调整生产要素在不同地区的配置，重点扶持落后地区的经济，从而带动调整各个地区之间的经济发展关系，由此实现整个国家经济的全面、持续增长。"一五"计划提出：为改变原有地区分布不合理状况，必须建立新的工业基地。因此，国家通过调整投资方向，在重点建设东北老工业基地的同时，加大内地工业体系建设的力度。其结果是，该时期我国工业总产值增速实现18%，其中沿海发展速度为16.8%，内地发展速度为20.4%，区域经济差距呈现不断缩小的趋势。[2] "二五"计划期间，虽然"大跃进"运动对经济影响较大，但从五年整体来看，国家建设重点还是偏向内地，中西部地区工业年平均增长率达5%，沿海地区为3.2%，区域经济发展差距进一步缩小。[3] 从这一阶段的五个五年计划来看，区域经济由于采取了平衡发展思路，因而整体差距不大。见下表。

表2-1 1952—1975年全国基建投资区域比例[4]

时期	沿海（%）	内地（%）	两者比例
"一五"	41.8	47.8	1:1.14
"二五"	42.3	53.9	1:1.27
三年调整	39.4	58.0	1:1.47
"三五"	30.5	66.8	1:2.16
"四五"	39.4	53.5	1:1.36

---

[1] 聂华林，高新才. 区域发展战略学 [M]. 北京：中国社会科学出版社，2006.
[2] 张秀生，张平. 中国区域经济发展 [M]. 武汉：中国地质大学出版社，2009：5.
[3] 张秀生，张平. 中国区域经济发展 [M]. 武汉：中国地质大学出版社，2009：5.
[4] 陆大道，薛凤旋. 1997中国区域发展报告 [M]. 北京：商务印书馆，1998：26.

(二) 改革开放初期区域经济发展 (1979年—2000年)

这一时期包括"六五"计划到"九五"计划阶段。区域经济发展方式由采用非均衡发展战略向区域经济协调发展转变。20世纪70年代末，邓小平提出"要让一部分人先富起来"的观点，在区域经济上用"两个大局"的思想，即沿海地区要加快对外开放，将这个拥有两亿人口的广大地带较快地发展起来，从而带动内地更好发展，这是一个事关全局的想法。内地要顾全这个大局。反过来，发展到一定的时候，又要求沿海拿出更多力量来帮助内地发展，这也是个大局。那时沿海地区也要服从这个大局。[1] 根据这个思想，我国加大了对沿海地区的投资力度，"六五"计划期间，一大批重点建设项目分布在沿海地区，沿海的投资比重占全国投资的47.7%，中西部地区占全国投资的46.5%。"七五"计划期间国家继续加大对东部沿海地区的投资，此时东部地区的全社会性固定资产投资比重占60%以上。同时上述两个时期分别设立4个经济特区、14个沿海港口城市和沿海经济开发区。这些优惠政策使得东部经济增长率遥遥领先中西部地区，从而进一步加大了区域经济的差距。"八五"计划期间国家开始重视区域协调发展，指出要"正确处理发挥地区优势和全国统筹规划、沿海与内地、经济发达地区与较不发达地区之间的关系，促进地区经济朝着合理分工、各展其长、优势互补、协调发展的方向前进"[2]。然而由于市场经济力量已开始发挥作用，到"八五"计划中后期，东部与中西部地区经济差距进一步拉大。因此在"九五"计划中明确提出了"坚持区域经济协调发展，逐步缩小地区发展差距"的观点。1996年3月，中华人民共和国第八届全国人民代表大会等四次会议报告

---

[1] 邓小平. 邓小平文选：第三卷 [M]. 北京：人民出版社, 1993.
[2] 中共中央关于制定国民经济和社会发展十年规划和"八五"计划的建议 [N]. 人民日报, 1991年1月29日。

中再一次提出,从"九五"计划开始,"要更加重视支持内地的发展,实施有利于缓解差距扩大趋势的政策,并逐步加大工作力度,积极朝着缩小差距的方向努力。"① 在这一时期,国家制定了区域协调发展的政策,即优先在中西部安排资源开发和基础设施建设项目;规划中央财政转移支付力度,增加对中西部财政支持;加强东部沿海地区与中西部地区经济联合与技术合作等等。

(三) 改革开放成熟期的全面发展阶段 (2001 年—2010 年)

到了九十年代后期,东西部差距问题、地区经济发展的不平衡问题和行业发展的不平衡及收入发展的不平衡等问题已经广受关注。如何缩小东西部之间的差距,成了我国政府面临的严峻挑战之一。1994 年,全国没有完全稳定解决温饱问题的人口有 8000 万,85% 以上的人口集中在中西部地区,其中大多数又集中在西南西北地区。1999 年 6 月,江泽民同志在陕西考察时提出:从现在起,必须不失时机地加快中西部地区的发展,并作为党和国家一项重大的战略任务摆在更加突出的位置上。同年 9 月,党的十五届四中全会正式提出西部大开发战略,这标志着我国区域政策重心实现由东向中西部的转移。"十五"计划第八部分正式提出"实施西部大开发战略,促进地区协调发展",同时,"国家实行重点支持西部大开发的政策措施,增加对西部的财政转移支付和建设资金投入,并在对外开放、税收、土地资源、人才等方面采取优惠政策"②。2003 年 10 月党的十六届三中全会又提出"加强对区域发展的协调和指导,积极推进西部大开发,有效发挥中部地区综合优势,支持中西部地区加快改

---

① 中共中央关于制定国民经济和社会发展"九五"计划和 2010 年远景目标的建议 [N]. 人民日报, 1995-10-05.

② 中共中央关于制定国发经济和社会发展第十个五年计划的建议 [N]. 人民日报, 2000-10-19.

革发展，振兴东北地区等老工业基地，鼓励东部有条件地区率先基本实现现代化"① 为实施全面发展，国家在"十一五"计划中又表明态度，"坚持实施推进西部大开发，振兴东北地区等老工业基地，促进中部地区崛起，鼓励东部地区率先发展的区域发展总体战略，健全区域协调互动机制，形成合理的区域发展格局。"在"十二五"计划中，政策更为明确，在第五篇明确提出："推进新一轮西部大开发，全面振兴东北地区等老工业基地，大力促进中部地区崛起，积极支持东部地区率先发展，加大对革命老区、民族地区、边疆地区和贫困地区扶持力度。"在该计划中，首次把扶持"四区"作为实施我国区域经济全面发展的重要一环提了出来，展示了中央实施全面的区域经济发展的决心和策略。

第二节 我国区域经济调控相关问题

我国区域经济调控经历了均衡策略、非均衡策略到全面发展策略的转变，在培养经济增长极方面也从"单极突进"到"多轮驱动"。② 在这些已经或正在转变过程中，我国区域经济也正面临着区域经济发展差距问题、区域经济调控力度问题、区域经济合作问题以及区域经济调控的制度设计问题，其中后两个问题将在后文章节中进行论述。本节仅论述前两个问题。

---

① 中共中央关于完善社会主义市场经济体制若干问题的决定［N］．人民日报，2003-10-22．

② 赵承．促进区域协调发展——四大经济板块勾画区域发展的完整蓝图［J］．党建，2006（3）：23-27．

（一）我国区域经济发展差距问题

自 20 世纪 80 年代梯度理论的兴起到付诸实践，我国东中西部地区经济增长呈现出非均衡发展特征。当前，我国区域经济发展的难点问题主要包括区域之间的分工和协作淡化、区域产业结构趋同化、地区间经济发展差距急剧拉大、区域经济增长和区域矛盾激化以及公平和效率在区域发展上的两难选择等几个方面①，而区域经济差距可以说是最主要的问题。以西部与东部发展差距为例，从 1978 年到 1997 年，全国 GDP 由 3,463 亿元增加到 74,772 亿元，在增加的 71,309 亿元中，东部沿海地区的贡献是 42,746 亿元，占全国的 59.9%，而陆地面积占全国 71.7%、人口约 35 亿的西部地区 1998 年 GDP 仅为 1.15 亿元。西部地区这种经济发展水平与其国土面积和人口所占全国的比例具有明显的反差，而且西部地区经济发展与东部地区之间的发展差距还在继续扩大。②

我国区域经济发展的不平衡问题首先表现为地区经济总量的不平衡。改革开放以来，在国内外投资和产业持续向沿海地区转移的推动下，经济布局也呈现向沿海地区集聚的态势，形成一些支撑全国经济增长的经济密集区。2007 年，我国 GDP 总量中，东部地区十省市以 152346.4 亿元的生产总值占全国经济总量的 55.3%，东北地区三个省份以 23373.2 亿元占 8.5%，中部地区六省以 52040.9 亿元占 18.9%，而西部地区十几个省份以 47864.1 亿元占 17.4%。特别是东部地区的京津冀、长江三角洲、珠江三角洲三大经济圈，③ 2008 年三大经济圈的地区生产总值达到 12.51 万亿元，占全国的 38.2%。其中，长三角地区生产总值达到 6.55 万亿元，占全国比重 20%；珠三角地区生产总值达到 2.97 万亿元，占全

---

① 张军洲. 中国区域金融分析 [M]. 北京：中国经济出版社，1995：12.
② 赵曦. 21 世纪中国西部发展探索 [M]. 北京：科学出版社，2002：10-11.
③ 赵曦. 21 世纪中国西部发展探索 [M]. 北京：科学出版社，2002：25.

国比重为9.1%；京津冀地区生产总值达到2.98万亿元，占全国比重为9.1%。① 东部长三角经济实力继续领先全国。除地区经济总量不平衡之外，区域经济内部的地区生产总值也是相差悬殊。2007年，东部地区的人均生产总值为32283元，东北地区为21573元，中部地区为14754元，西部地区为13212元。总体来说，东部地区的经济发展水平遥遥领先，中部地区相对滞后，西部地区贫困落后，这就是我国区域经济发展的现状。另外，在区域之间的经济差距逐渐拉大的同时，各区域经济体内部也存在诸多问题，如东部经济区的产业结构急需调整和优化，中西部地区的投资和开发明显不足。总之，区域之间的发展差距以及区域内部存在的诸多问题，需要政府及时采取切实可行的区域经济调控政策加以解决，从而促进区域间的协调发展和确保各大区域的健康发展。

（二）我国区域经济调控问题

如前文所述，我国在改革开放之初针对各地实际情况采取区域非均衡发展政策，即沿海开发是大局，中部地区要支援沿海发展；西部开发是大局，沿海要支持中西部发展。然而，随着我国的经济体制改革的逐渐深入，我国政府的区域经济管理模式也发生了很大的变化，但是需要引起注意的是，多数改革措施尤其是区域经济调控政策，缺乏制度化保障，多数是以决定和命令的形式来付诸实施。这是我国经济管理和调控的薄弱环节，这也导致了虽然改革深入国民经济的各个领域，但是最后的实效并没有令人满意。无论是中央政府的经济调控，还是地方政府对本地区经济的调控，较为完善的调控制度并没有建立起来，区域经济调控政策未能走上制度化和法治化的轨道。就区域经济调控而言，当前我国区域经济发展的难点问题主要包括以下四方面：

---

① 本数据来自国家发展改革委员会公布的数据。

第一,区域经济调控政策之间存在上下错位、衔接不到位的情况。作为一个特定区域内的经济调控政策,应当在该区域内前后一致,互为统一。但是由于经济调控政策本身的缺陷,它仅具有行政指导功能,而无强制性的法律效力,从而使具体到区域内成员之间的政策与整体区域的经济调控政策发生错位和衔接不到位的现象,具体的经济调控效果大打折扣,不利于区域经济的发展。

第二,区域经济调控政策的体系性和规划性不够。区域经济政策制定部门之间以及不同区域经济调控部门之间没有形成完整的体系,从而使得政策的规划性不够强,这种情况导致当前国内各区域之间的分工和协作淡化,区域产业结构趋同化现象非常严重,也使得地区之间经济发展差距急剧拉大、区域经济增长和区域矛盾激化等局面。

第三,区域经济调控政策缺乏连续性和长远性。从我国"六五"计划第三编明确提出地区经济发展计划到"十一五"计划为止,区域经济调控政策发生了巨大的变化,就连发展的重点、调控的目标、调控的手段和区域的概念等都与最初概念有了完全不同的变化,这表明区域调控政策的连续性不够,有点"一朝天子一朝臣"的味道。而从具体的调控政策来看,基本上只存在一届政府任期,到了下一任就开始"换药不换瓶",完全没有长远性规划。

第四,区域经济的调控力度不够。从中央政府对区域经济调控层面来看,一是中央政府的区域经济调控政策在地方的执行力度不够。中央和地方权限不清,财权和事权不统一,权力和职责不对称,使得中央政府难以对地方形成有效的约束,很多调控政策难以得到充分有效的执行。二是中央政府的投资体制发生变化。改革开放以来,我国固定资产投资出现多元化趋势,中央政府很难像过去一样通过国家投资的地区分布来有效地调节各地区经济的发展,再加上未建立起规范的健全的区际协调机制，特别是规范的财政转移支付制度，使得中央政府在调控地区发展、缩小地区差距方面软弱无力。三是中央的调控重点集中于宏观经济领域，对于区域经济的调控力不从心。中央政府调控经济增长的主要手段，如利率、汇率等手段，都是着眼于宏观经济的运行在全国范围内运用，而并非只适用于某一经济区域。从地方政府对区域经济调控力度来看，也存在严重问题。我国市场化改革和行政"分权"制度的变迁，使得地方政府在政府权力结构中的角色发生了很大的变化。它们既是中央政府在一个地区的代理者，必须服从于中央的利益；在一定程度上又是一个地区的所有者，通过资源配置可以增进自己的利益，俨然已从过去单纯依附于上级政府的行政主体演变成相对独立的利益主体、经济主体和管理主体[1]。这种角色的变化也助长了地方保护主义。地方政府出于本地区利益的考虑，往往对中央的经济调控政策置之不理或者消极应对，采取上有政策下有对策的方法，违反了中央政府的经济调控政策的目标和原则。另外，地方政府往往片面谋求经济的快速增长，以功利主义的思维看待区域经济的发展，忽视了经济结构的调整和优化，在经济发展的过程中过多地运用非法律和非经济手段。

从上述存在的各种问题来看，当前我国的区域经济调控政策亟须法制化和制度化，否则将会带来严重的后果。实践证明仅依靠政策性调控难以避免上述问题的存在。只有实行以区域经济调控法治化为主，以区域经济调控政策为辅的制度，才能形成科学化、规范化的调控机制。因此，加快区域经济调控的制度化，实现区域经济调控的法治化，完善区域经济调控法律制度，才是解决区域经济发展中存在的诸多问题、促进区域经济协调稳定快速发展的根本途径。

---

[1] 殷洁. 区域经济法的学理解析及其体系构架 [J]. 社会科学，2008（7）：117.

第三节　我国区域经济调控与宏观经济调控

从理论上来说，区域经济属于宏观经济的组成部分，是宏观经济在中观层次的体现。那么，区域经济调控是否也是宏观经济调控在中观层面的体现呢？笔者以为，区域经济调控既服从国家宏观经济调控，又要体现其自身的特点。也就是说，区域经济调控有自身的独立性、特殊性，因而不能简单纳入宏观经济调控的范畴。区域经济调控与宏观经济调控之间既存在共性，也存在差异性。

一、区域经济调控和宏观经济调控的共性

区域经济是宏观经济的组成部分，但是它又是一个相对独立的经济实体，具有其自身的特点。例如，区域经济照样可以分解为若干产业、若干行业和若干经济部门，都可以形成其特有的所有制结构、技术结构和产业结构。所以，区域经济和宏观经济可以看成是两个相互独立但是又有一定关联性的经济实体。他们的联系主要体现在以下三方面。

（一）合法调控

在现代法治社会中，正当性或合法性是一切社会行为，尤其是国家行为在实践中得以正常运行的根本要求。"最低层次或最狭义的合法性，是指特定行为是否按照法律的规定行使，是纯粹意义上的合乎法律性。"[①]

[①] 杨三正，王肃元. 论宏观调控合法性的公众评判依据 [J]. 法学评论，2007（5）：49.

法治化是现代经济社会对经济调控提出的基本要求，任何经济调控手段和政策都要纳入法治化的轨道，实现有法可依。所以区域经济调控和宏观调控都必须遵循合法性原则：调控主体合法，即必须由具有经济调控权限的国家机关进行调控；调控权限和调控范围合法，即不仅各项调控政策的决策权和执行权要有法律依据（即这些权力属于自己的职能范围），而且要在法定的调控范围内进行调控，不能涉足于法定范围以外的事务；调控程序合法，即经济调控权的行使要符合法定的步骤，并按照不同的调控内容和调控手段决定所适用的程序。总之，合法调控原则要求逐步改变主要依靠政策来实施经济调控的模式，通过立法来保障区域调控目标的实现。

（二）调控领域

区域经济调控也好，宏观调控也好，都会涉及多方面的经济领域。我们认为，需要实施调控机制的经济领域需要根据以下条件来确定：首先，受控的经济领域应当是关系到国计民生的经济领域。第二，受控的经济领域应当是市场失灵的领域，因为只有出现了市场失灵的现象，才有干预的必要。第三，宏观调控的领域应当是私人力所不及的领域。所谓私人所不及的领域，是指私人无力参与或者不愿参与的经济领域，如投资周期长、盈利率较低的行业。有的学者将能源、自然资源、环境保护等都纳入了需要实施调控的经济领域，认为这些事务"不仅关乎国计民生，而且还极易产生市场失灵，更为重要的是这些领域在性质上已不属于私人领域，且私力也不能解决这些领域中的市场失灵问题"。[①]

（三）适度干预

适度干预也称之为有限干预。区域经济调控机制和宏观调控机制都

---

① 尹西明.宏观调控的法律规制［J］.河北法学，2004（5）：67.

是为了弥补市场机制的缺陷而由政府出面干预经济的一种经济调控机制，政府对市场经济的干预已经成了现代市场经济发展的一种不可或缺的力量。适度干预，"主要包含三层意思：一是政府的干预不得冲击和削弱市场机制作用的发挥，相反应当促进和保护市场机制调节功能的充分发挥；二是政府的干预必须尊重客观经济规律，依法进行干预；三是政府一般不得直接干预经济组织的生产经营活动"。① 这也表明了调控主体对市场经济的调控是其主观能动性的体现，因为调控政策是根据经济发展的需要灵活做出的而不是严格依据现行的法律法规进行的。调控主体需要根据市场经济的运行状况即时发布各项经济政策，制定相关的立法文件，以规范市场经济行为，并不断总结出的调控经验。

二、区域经济调控和宏观调控的差异

虽然区域经济调控和宏观调控存在着上述的密切联系，但是我们更应当看到二者的差异。正是这些差异决定了二者是不同的两种经济调控机制。

（一）区域经济调控和宏观调控的决策权限不同

我们在论述二者在主体上的差异时，就已经提到不同的调控主体，其调控政策的决策权限是不同的。区域经济调控主体和宏观调控主体都会为调控经济的运行而根据经济发展的状况实施各种经济政策，但是宏观调控所作出的经济政策，相对于区域经济调控所作出的经济政策而言，更为广泛。像货币的发行、基准利率的确定、汇率的调节和重要税种税率的调整等关系到宏观经济的事项，只能由宏观调控主体来决策。所以，在经济调控权限方面，"中央和地方之间有职权分工，除非经中央授权或

---

① 徐孟洲. 对制定《宏观经济调控法》的构思 [J]. 法学杂志, 2001 (3): 17.

者报中央批准,各地方政府不能借口区域的特殊性而擅自讨论、决定本属于中央政府职权范围的事项"。① 其他的经济调控政策,如制定市场经济行为规范、编制经济发展计划、制定和实施产业政策、利用财政资金积极参与投资开发等,不仅宏观调控主体可以实施,而且区域经济调控主体也可以实施。

（二）区域经济调控和宏观调控的主体不同

对于宏观调控的主体,当前法学界的看法并不一致。有的学者认为"宏观经济调控的主体是政府,尤其是中央政府";② 有的学者认为"宏观经济调控关系的一方主体是国家";③ 有些学者指出"凡是国家宏观经济调控的决策权应当统一归属于国家的权力机关——全国人民代表大会。国务院在拟定关于国家宏观经济政策或者行政法规后,应当报经全国人民代表大会（或其常务委员会）表决通过后方可实施。"④ 也有学者提出了宏观调控的统分结合原则即统一领导与分级管理相结合的原则,认为宏观经济调控权必须集中在中央政府手中,但是国民经济运行存在不同的环节和层次,必须发挥地方积极性,必须实行分级管理,赋予地方和部门必要的调控权,促进本地区、本部门的经济发展。⑤

关于"宏观调控的主体是国家"的说法,笔者认为还有待商榷,因为国家是一个较为笼统的概念。国家是由许多机构组成的,包括立法机关、行政机关以及其他机关,离开了这些机关国家就成了一个抽象的概念。有些学者所说的国家,究竟是指全国人大及其常委还是国务院或者

---

① 殷洁. 我国区域经济一体化背景下的经济法制协调 [J]. 江西社会科学, 2007 (12): 206.
② 潘静成, 刘文华. 经济法 [M]. 北京: 中国人民大学出版社, 1999: 292.
③ 李昌麒. 经济法学 [M]. 北京: 中国政法大学出版社, 2002: 404-405.
④ 李正华. 经济法 [M]. 北京: 中国人民大学出版社, 2002: 221.
⑤ 徐孟洲. 对制定《宏观经济调控法》的构思 [J]. 法学杂志, 2001 (3): 17.

二者皆有？关于"宏观调控主体是中央政府"的说法，也是不准确的，因为作为调控手段之一的国民经济发展计划和财政预算草案，需要全国人大审议和批准之后才能实施。所以宏观调控的主体还应当包括中央立法机关。关于"宏观调控统分结合"的说法，笔者认为地方为促进本地区经济的发展所实施的调控权，只是地方在宏观调控的原则和目标的指导下对本区域实施的一种区域经济调控，而非宏观调控。

笔者认为应当按照宏观调控的实施程序来确定其主体，和区域经济调控一样，宏观调控可以分为决策程序和执行程序（或者实施程序）。所以宏观调控主体应分为决策主体和实施主体，其中决策主体为中央一级的国家机关，而实施主体则为中央和地方各级人民政府。

区域经济调控的决策主体包括中央机关和地方机关，也包括立法机关和行政机关，其实施主体也是各级政府。所以区域经济调控主体和宏观调控主体最大的差异在于决策主体的不同。我们知道中央机关也可以对区域经济进行调控，但是宏观调控只能由中央机关来决策，地方机关无权参与，因为宏观调控是站在整个国民经济的角度，从全国经济总体利益出发，从总体上调控国民经济的运行。货币的发行、基准利率的确定、汇率的调节和重要税种税率的调整等宏观调控政策在全国范围实施，只能由中央来决策。另外，并非所有中央国家机关都享有宏观调控决策权。除了最高立法机关享有决策权外，中央政府中只有承担着宏观调控职能的部门才有决策权。在宏观调控的执行阶段，可以按照适度分权的原则，在中央宏观调控法律、决策形成和生效后，由中央政府和地方政府在各自的职权范围内分别执行。①

（三）区域经济调控和宏观调控的优位性不同

宏观调控的各项计划手段、经济政策是为了调控整个国民经济的结

---

① 杨三正. 宏观调控权配置原则论 [J]. 现代法学，2006（6）：103.

构和运行而在全国范围实施，它的效力应当要高于只限于区域调控的相关经济计划和经济政策。这也是区域经济作为宏观经济的局部而要服从整体经济利益的体现。区域经济调控机制是一种独立于宏观调控机制的经济调控机制，它在发挥实效推动区域经济发展的同时，不得违反宏观经济调控的宗旨、原则和目标。

在适用过程中，区域经济调控与宏观经济调控之间的优位性不同。在特定区域范围内，凡是适用于普遍性的经济性事项，都得遵循区域经济调控服从宏观调控的原则；凡是仅与该特定区域内相关的经济性事项，都应遵守区域经济调控优先的原则。这种关系就如同法律上的特别法与普通法关系，它不同于一般的部分服从整体原则，而是需要考量到特定事项所应采取的措施，因而其适用的优位性就不同。总之，区域经济调控是针对特定区域的发展状况出现的一种调控机制，在区域范围内，区域经济调控机制优先适用，但是它不能违反宏观调控的宗旨、原则和目标，不能与之抵触。

（四）区域经济调控和宏观调控的重点不同

宏观调控是政府站在全社会的公共利益的角度对国民经济的整体运行进行调节和控制。[1] 所以，宏观调控不可能对某一地区优先考虑，而是立足宏观经济和整个社会的需要，注重经济总量的平衡，即社会总供给与社会总需求的价值总量的平衡，确保国民经济持续稳定和协调增长。

而区域经济调控是对我国某个或者某些区域的经济发展实施的一种干预和管理的行为和机制。区域经济的协调和健康发展，是区域经济调控的主要目标。所以区域经济调控和宏观调控的重点是不同的，前者是某一经济区域，而后者是整个国民经济或者宏观经济。当然，宏观经济

---

[1] 刘剑文，杨君佐. 关于宏观调控的经济法问题 [J]. 法制与社会发展，2000 (4)：16.

调控法的要求总是粗线条的,其贯彻和实施势必在中观层次加以分解和具体化。在我国这样一个地域辽阔、各地区经济发展不平衡的国家中,"要求宏观经济政策普遍适应这种复杂的地区差异,实现直接、有效的调整是不切合实际的,其应当主要从战略布局、远景规划方面加以把握"①。而区域经济调控机制就是在宏观调控的指导下发挥其效力。

---

① 董玉明. 区域经济法律调整的二元结构解析 [J]. 山西大学学报(哲学社会科学版), 2004 (3): 73.

第三章

我国区域经济调控法治化基本理论

从第一章论述可知我国区域经济发展已经经历了四次重大转向：第一次是1949—1978年从不平衡发展战略转向平衡发展战略，推进区域平衡发展战略；第二次是1979—1990年从改革开放的实际出发由平衡发展转向非均衡发展，经济重心向东部沿海地区倾斜；第三次是1991—2000年从非均衡发展转向协调发展，以"全方位开放"和西部大开发为特征。[①] 第四次是从2001年至今从协调发展战略向多轮驱动发展战略的转变，全国划分为七大经济区域，发展重点各有侧重。在这些战略转变过程中，我国政府对区域经济发展及调控着重强调战略上的依赖，也就是说，我国区域经济发展的制度基础不牢固，还没有形成一个制度化的体系。目前国内有关区域经济政策的学术著作多从制度经济学、行政管理学、区域经济学进行探讨，在法学领域研究则更是少之又少。正如学者所言："对于中国实行的区域战略不能一味地赞扬，而要从现有成果上反思一条民族之路，不仅仅分析其经济效应，还应讨论其法律效应和社会

---

① 李剑林. 基于发展观演变的中国区域经济发展战略及空间格局调整 [J]. 经济地理，2007（6）：896-899，903.

效应,通过法律促进经济效应与社会效应。"① 因而,探讨我国区域经济调控的法治化问题更显迫切和必要。由于这一问题的系统化研究缺乏,本书就需要在这方面做一些开拓性的研究。本章里,笔者主要探讨区域经济调控法治化的理论依据和现实依据,以及区域经济调控法治化的内涵等基本理论问题。

第一节 区域经济调控法治化的必要性

区域经济调控的法治化内涵是一个极为丰富的概念,它对区域内经济法制建设和发展起着基础性、纲领性作用。按照目前学界的通行观点,区域经济法治化的内涵在现阶段应包括区域经济法治建设的基本模式、基本原则及主要法律制度等内容。我们认为,区域经济法治化的内涵不仅包含以上内容,还包括对区域经济调控法治化的基本理论、法理基础和基本原则等内容,否则就不可能形成完整的区域经济调控法治化理论。

一、区域经济调控法治化是区域经济发展到一定阶段的必然结果

我国区域经济发展多年来取得了长足的发展,但是在发展过程中也遇到不少问题,除了在第一章第二节提到的两个问题外,还存在不少其他问题。其中面临的现实问题主要表现如下。

(一) 区域经济调控中的合作问题影响区域经济的长远发展

在长三角、泛珠三角及环渤海湾等区域经济体中,由于没有法律的

---

① 李清泉. 中国区域经济协调发展战略 [M]. 福州:福建人民出版社,2000.

导向，他们在实践中探索出区域合作的途径：在合作机制上，建立联席会议，共同商讨区域经济合作发展中的共同难题，同时设立区域经济合作的常设机构，如经济圈省际协调委员会、经济圈省（区）内协调委员会和经济圈协调委员会等机构，负责区域内外的行政协调；在产业结构优化整合方面，根据优势互补、合理分工的原则，实现产业的分工与合作，尤其是突出区域的地区生产专门化，从而形成合理分工、协调发展的区域产业体系；建立跨地区的大型企业集团，整合区域内的生产要素，特别是对区域内的重点行业加大企业间的并购活动，真正解决地区内重复建设、产业结构趋同等问题。尽管这些方式在一定程度上能解决区域合作中的问题，但是由于其存在不确定性、无约束力以及责任追究不力等缺点，仍然无法解决区域经济发展中的基础性和长期性难题，正如国务院原法制局主任孙琬钟所说，"如何发展区域经济，使它能够尽快地法制化是一个重要的问题。"①

（二）传统的区域经济制度设计不能满足当前区域经济发展的需求

纵观我国区域经济发展轨迹，我们得出如下结论：即我国区域经济是设计出来的，而不是自然演化的结果。在计划经济时代，为了发展一些重点区域的经济，采用制度上的优先安排来发展是完全必要的和可行的；到市场经济初期，由于计划经济的影响还未完全消除，适当设计一些制度来发展区域经济也是可以理解的；但是当社会主义市场经济发展到今天，我国区域经济的发展依然是采用"顶层设计"的方式，即政府主导型的区域经济发展模式。在"十二五"规划中，我们看到的仍然是这种模式的翻版，这不能不说是我国区域经济发展的一个瓶颈和缺陷。

---

① 刘隆亨. 中国区域开发的法制理论与实践 [M]. 北京：北京大学出版社，2006：9.

在这种模式下，区域经济中的各种市场主体的潜能难以得到充分发挥。因此，要改变这种发展模式，就必须重新定位区域经济发展的制度，而要使这种制度更加合理、更加符合区域经济发展的客观现实，就必须使区域经济调控建立在法治基础之上。

（三）区域经济调控中多元化主体的存在需要区域经济法治化的回应

如前所述，传统发展区域经济的手段是强调政府的协调职能，也就是"政府运用公共权力，管理区域间公共事务、调整区域间相互关系、回应不同区域的利益诉求、化解区域矛盾，实现区域之间相互配合、协调发展"①。但是，在我国市场经济发展的今天，区域之间的关系不仅仅是不同区域政府之间的关系，而是涉及政府、企业、非政府组织、公民等多元主体之间，以及国际、国内和区域内等多元空间的复杂多维关系。因此，区域经济调控的法治化，不是立法者基于理性的制度设计的过程，而是一个公共选择的过程。② 基于此，传统的以政府权威为核心的线性区域管理模式难以适应现代区域经济发展的要求，以"新公共行政""新公共管理""新公共服务""治理理论"以及"新区域主义"等为代表，在对传统区域管理模式进行反思的基础上，提出以多种区域管理改进或替代的方案。他们认为，协调区域发展的政策制定和实施过程应该向私营部门、社会自治组织和公民等多元主体开放。……多元主体之间也"不是领导与被领导的线性权威关系，也不是输入——转化——输出这种线性功能关系"，而是相互配合、优势互补的伙伴关系。新区域主义试图探索"一种依靠现有行政机构，各种单一功能的区域组织、委员会等社会

---

① 李猛. 中国区域非均衡发展的政治学分析 [J]. 政治学研究，2011（3）：111-126.
② 孙同鹏. 经济立法问题研究——制度变迁与公共选择的视角 [M]. 北京：中国人民大学出版社，2004：8.

团体，通过协商、投资控制、制度激励等方式，循序渐进式的形成区域协调新模式"①。与此相适应，区域经济的法治化也需要做相应的制度安排。

相比其他法律部门的法律关系中的主体，经济法主体的构成相对来说层级较多、内涵复杂。经济立法中主体的设置既有抽象性的"国家"和"社会"，也有具体的行政、立法、司法机关及组织和个人。在具体法律关系里，不同的经济法主体之间存在着复杂关系，如行政机关内部的隶属关系，立法、司法和行政机关之间的制约关系，国家主体对社会组织和市场主体之间的监管关系等。但是每个经济法主体都表现出独立的品格，都在特定的行为特征下扮演具体的制度角色，并实现自身的功能。如经济法中出现的"国家"这一抽象主体，以特定国家机关表现为具体主体将国家的抽象功能一一细化。如同样是国家，因政治行为的实施可以成为宪法主体，而因宏观经济调控行为的实施则可以成为经济法主体；同样是经营者，实施注册登记行为可以成为民商事主体，而实施低价倾销行为就可能成为反不正当竞争法律关系的主体。经济法主体类型的设置都以服务于具体的经济法律关系为中心，不同性质的国家机关、同一性质机关内部的不同层级、不同层级机构在具体法律关系中因分工和协调而组成的联合主体等，这些因主体系统的结构性和相互间分层交错而产生的各种具体主体类型，才是经济法主体之网的真正全貌。在市场经济条件下，经济法规范下的从事管理和参与市场经济活动的经济法主体，需要在经济法的各项制度中贯彻责权利相统一原则，将这种要求落实为众多单个主体的协调一致行为。

---

① 李猛. 中国区域非均衡发展的政治学分析 [J]. 政治学研究，2011 (3)：111-126.

二、国外区域经济调控法治化是我国区域经济调控法治化的有益参考

国外在区域经济调控过程中,有正反两方面的经验教训可供我们参考。

(一)国外区域经济开发中的教训

在早期的区域经济调控过程中,国外也曾走过弯路,也没有采用法律的手段来进行,而是采取战略性开发手段,其代价是非常惨重的,其教训也是非常深刻的。其中的主要教训有以下三方面:一是短期行为。一些第三世界国家为取得经济发展实行赶超式发展战略,以短、平、快作为经济发展的目标,以资源枯竭、重复建设、低水平开发为特点,结果事与愿违,区域经济发展不进反退;二是不重视环保。这一点在导论中说得非常清楚,此处不再赘述;三是无视民族问题。[1] 早期美国在西部开发过程中对当地印第安人和墨西哥人实行镇压和驱逐,引发大规模的民族矛盾,造成区域经济发展的滞后。

(二)国外区域经济开发中的经验

在沉痛的教训之后,国外在区域经济发展过程中开始采取"立法先行"的手段,并取得了良好的效果。其主要经验有:一是通过立法确认区域经济发展规划,并使之上升为法律。从20世纪早期到21世纪初,各国纷纷制定本国的区域经济发展规划,并通过制定区域发展基本法或特别法,将规划上升为法律,从而有力地推动本国的区域经济发展。如美国的《区域再开发法》《阿巴拉契亚区域开发法》,德国的《联邦区域规

---

[1] 徐国弟,陈玉莲. 西部大开发战略的理论基础和实施对策[M]. 北京:中国计划出版社,2002.

划法》《联邦改善区域结构共同任务法》，日本的《国土综合开发法》等；二是通过立法建立专门的区域开发机构。许多国家成立跨省（州）区的专门机构，负责区域经济开发的统筹、协调与监督，使区域经济开发打破原有的行政区划界限。美国为开发西部和田纳西河流域，分别成立了"地区再开发署"和"田纳西河流域委员会"；法国为实现区域经济平衡发展，专门设立"国土整治和区域行动评议会"；英国为促进北部开发，成立"苏格兰开发署"和"威尔士开发署"。此外，国外还以法律的形式来规范区域经济开发的优惠政策，把资金引向落后地区，促进落后地区的开发，缩小区域间的经济差距。[①]

三、区域经济调控法治化是区域经济本身的内在要求

区域经济发展到一定阶段，制定一整套比较完整的法律体系对区域经济进行规制与调控逐渐会演变为一种不可逆转的趋势，即区域经济调控主体与受控主体都有强烈的内在要求将其行为和事项纳入法治化的进程。

（一）区域经济开发的长期性、复杂性，决定了区域经济的发展需要用法律手段来保障基本政策的连续性和稳定性。有学者指出，我国现有的法律是不够的，涉及区域开发的专门法律与条款、基本法还是一个空缺，因此需要制定以"协调"和"干预"为特征的专门法律，以适应区域开发发展的特殊需要。[②] 事实上，在我国区域经济发展过程中，各个区域都用自身的政策来追求本身的利益，导致区域间市场分割严重、秩序

[①] 尹中卿. 国外依靠法律促进地区均衡发展的有益经验［J］. 民主与法制建设，2001(8).

[②] 刘隆亨. 我国区域开发的沿革、基本理论和立法定位的研究［J］. 北京政法职业学院学报，2005(3)：9.

混乱，政府之间竞争抬头，环境破坏严重，如西部地区出现的"沙进人退"现象等，这些都严重制约了区域经济的正常发展。

（二）区域经济发展与改善的持续性与艰巨性，给区域经济调控的各项法律制定提出了更高的要求。区域经济的调控不断地面临着持续发展的问题，也承受着利益改进与均衡的艰难选择。区域经济的发展与改善，无论是在省内还是省际之间的一定区域范围，都是需要各地各级政府对相应的人、财、物进行精心组织与安排，并保持连续不断地政策供应和对事务的协调。由于区域经济发展的不均衡现象无法绝对消除，所以各级立法机关和政府对法律法规和规章的制定与执行，被要求体现更为高超的平衡能力去改善区域内的各种利益诉求，而这些利益的存在是不断增长的，且难以轻易调和的。

（三）市场经济的内在要求也需要区域经济调控的法治化。所谓区域经济调控，其实质是把区域内的要素和资源实现有效的整合，使之配置效益最大化。市场机制本质上是一种法治经济，它建立在规则的基础之上，没有市场的游戏规则，不可能有真正的市场经济。区域经济内部存在多种市场利益主体，在进行调控时，必须充分考虑被调控主体的经济利益和其他利益，如果调控手段和措施没有依法进行，那么必然会带来各种社会矛盾和问题，引发区域经济的无序竞争。因此，市场经济内在要求区域经济调控法治化。

四、经济法所注重的"协调"和"（适度）干预"功能恰恰满足了区域经济开发的需求

刘隆亨教授在其主编的《经济法概论》一书中指出，区域经济开发特别需要经济法的"协调"与"干预"。所谓"协调"是指国家和社会的和谐、协调，共同合作、辅助或和睦、协和。所谓"干预"是指国家

和社会对经济事务的过问、干涉、参与、制止、管理等。但是,为什么国家要对社会经济事务进行"协调"与"干预"?这个问题从另一个方面思考就是,民法典中的调整财产关系的法律法规为什么不能完全胜任社会经济发展的需要?

(一)民法典是市场经济运行的基础性法律体系,其作用之一是解决财产性的冲突和纠纷。可是,财产性的冲突与纠纷并不可能全部由民法加以解决,以及民法解决这些问题的成本过高、效率过低。法律的制订与执行,不能只是纠结于具体的某一主体的利益得失。经济法作为国家和社会协调、干预社会关系与经济事务的法律体系,主要功能在于为社会提供整体上的、实质性的公平。以我国《中华人民共和国消费者权益保护法》为例,该法中的许多规定集中表现出法律对交易双方的各方面的干预,力图建立一种纠纷预防的制度。如果仅由民法去调整交易者之间的关系,在实力强大的经营者使消费者受损的情况下,若是双方自愿、自由地解决赔偿等问题,仅从个体性的经济得失角度来看,民法调整的效果是比较适宜的。但是经济法对相同和类似关系的处理,能够使得社会整体资源耗费下降和交易效率上升,这就是经济法自身的一个巨大的优势(而民法的适用将必然导致交易的整体无效率和因解决纠纷而耗费大量的社会资源)。

(二)民法典虽然不能全部解决社会经济发展所带来的经济事务性问题,但是经济法协调与干预经济事务在广度与深度上若是处置不当,将深刻影响它整体性公平与效率作用的发挥,迟缓甚至阻碍社会经济的快速、健康发展。这就是我们时刻关注的经济法适度干预,或是谨慎干预的问题。与此紧密相关的经济法理论问题就是经济法的法律体系的构建应以何种利益为基础和本位?根据各国经济法发展的历史尤其是我国经济法发展来看,适度干预或是谨慎干预的标尺就是国家运用经济法调整法律关系时应当秉持社会本位，以增进公共利益为导向。在传统的"市民社会"与"政治国家"之外，谁应当立于社会本位，代表着公共利益？经济法最终认定由国家立于社会本位，代表公共利益的主要原因在于：（1）市民社会中主体之间的市场经济交换，随着社会经济的不断发展而日渐增多，从形式到内容都已无法由自然人、法人组织加以平稳地控制并公平解决同样是日渐增多的纠纷与矛盾。在此情形之下国家通过有公信力的行政与法律活动参与化解其中的纠纷与矛盾，并由此上溯问题的根源，有目的地预防和调控社会经济事务，产生了国家代表的社会整体利益的结果。这其中的深刻背景是国家代表社会整体利益不是先验地预设，而是市场经济主体的交换需求集合的长期发展与变化的结果。但是，国家不应以满足自身的政治性利益而是应立足于社会本位，从而控制、限定自身的权威性，其适度干预、积极协调作用的发挥、效果的显现，均以最后的利益是可归因于市场经济主体为准则。否则，国家就不应被推举为社会整体利益的代表而应另外寻求一种公平、权威的主体去应对市场经济的需要。（2）一个国家或地区，总会存在经济交换中的弱势一方。如果国家具备了强有力的行政力量和丰富的法制资源以及公正的力量，却不去平衡各方主体之间实际存在的不平等的利益差距，甚至加强或者放任强势一方的利益增量，那么各种法律法规的制定与执行不仅不能够带来实质上的公平，甚至连法律在形式上赋予各主体的平等权也会逐步被侵蚀——因为缺乏必要约束的利益扩张是不会自我克制的，甚至能够破坏任何法律原则。所以，经济法应针对利益关系双方，多层次地赋予如中小股东、消费者、劳动者等弱势一方在经济法上的保护性权利；同时根据国家整体经济运行态势增加大股东、经营者、雇主等强势一方所应承担的经济法上的义务。

所以，区域经济的发展，内在要求发挥经济法各项功能对区域经济事项适度的干预及利益协调，推动区域经济的健康发展。

第二节 区域经济调控法治化的法理阐释

在区域经济学的研究中，多数学者都提出要对区域经济调控进行立法，有的提倡"区域开发、立法先行"，① 有的则直接提出区域经济调控的立法重点，② 有的从专门领域提出区域经济调控的法律化，③ 还有的从专门的区域来谈法制问题。④ 然而遗憾的是，由于缺乏法学的视角，他们无法从法理上阐明为何要对区域经济调控实行法治化。也就是说，在解释区域经济调控法治化问题上，我国学界存在法理上的盲点。笔者赞同这一观点：法理考量应当是区域经济发展法治化的逻辑起点，是立法路径依赖的前提与基础。只有拥有法理上的精深认识，才能为区域经济的良性健康发展奠定基础。⑤ 从法理上来看，笔者认为，区域经济调控法治化进程应当秉持实质公平观、整体利益观、可持续发展观和公正与效率观。

---

① 章峥. 区域经济协调发展与法治 [M]. 北京：北京大学出版社，2006：39.
② 赵永林. 论区域经济立法的几个问题 [M] // 刘隆亨. 中国区域开发的法制理论与实践. 北京：北京大学出版社，2006：9.
③ 参见刘建钢：《区域协调发展与环境法律保障》；张瀛、赵永林：《论促进我国区域经济发展的财税政策》；郭庆旺：《区域经济协调发展与税收政策调整》。刘隆亨. 中国区域开发的法制理论与实践 [M]. 北京：北京大学出版社，2006：9.
④ 参见董玉明：《中部崛起法律问题的思考》；徐士英：《建立长三角区域经济市场秩序的协调制度》。刘隆亨. 中国区域开发的法制理论与实践 [M]. 北京：北京大学出版社，2006：9.
⑤ 李清泉. 中国区域经济协调发展战略 [M]. 福州：福建人民出版社，2000.

一、实质公平观：区域经济调控法治化的实然要求

所谓实质公平，在区域经济发展的语境中是指追求社会整体利益发展的公平。简要地说，它强调组织或某一区域在追求利益最大化的行为的同时，也必须对整体社会的经济发展承担相应义务，这是社会的经济利益能够均衡、健康发展所需要的必要条件。即便当某一地经济行为并不造成特定的损害对象，但是当这样的行为对整个社会的经济造成危害或者阻碍时，该行为就是不公平的。它有以下三个方面的含义：

一是区域经济公平公正的发展环境。由于区域经济内部存在不同行政区域，各行政区域本身就有自身利益，因而在区域经济活动中，他们首先考虑的是自身利益，其次才考虑其他区域经济主体的利益。这样就容易造成地方保护主义，规避区域调控法律，从而有损公平的竞争。从各国区域经济发展经验来看，行政区域主体在追求本行政区域内经济利益的动力远远强于追求经济区域范围意义上整体经济利益的动力。因而在现实中，我们常看到一些地方政府打着"地区经济调控"的幌子实行地区封锁、产业保护、行政性贸易壁垒政策，甚至纵容一些违法违规行为，这严重地破坏了市场竞争秩序，对区域经济和整个国民经济带来了极大的阻碍。所以，区域经济发展的任务之一就是要打破地区封锁，建立健全统一的产品、生产要素流通市场，保护市场竞争机制。区域经济发展所追求的公平价值理念，应当是一种具有整体意义的实质公平价值理念。

二是区域经济体内分配公平。由于各行政区域受国家政策及其本身资源、要素等影响，一般来说，各区域经济体内的经济发展也是不平衡的。区域经济调控的目的，就是要用法治化的手段使资金、资源、产业等在区域内分配更加合理，打破以往由于种种原因造成的地区发展不平衡、产业畸形发展、个体贫富悬殊等分配不均衡现象,要充分利用国家经济能动力,在调整产业结构、均衡收入分配和协调地区发展方面发挥积极的作用。① 真正在区域经济体内实现实质性的公平,这也是区域经济调控法治化的根本要求。

三是更加强调终端利益的归属。从法理上来讲,公平是正义的体现,正义则分为形式正义和实质正义,但是"正义有着一张普洛透斯似的脸,变幻无常,随时可呈现不同形状并具有极不相同的面貌",因此仅仅实现前两方面的公平,还不能算是真正意义上的公平,只有重视终端利益的归属才能完全实现区域经济调控法治化的目的。从亚里士多德对经济正义的论述中,我们可知,只有实现"给他人其应得,取己之应得",才是真正的公平利益观。亚里士多德在论述一观点时提出了分配正义、交换正义和补偿正义的原则。其中的交换正义是核心。他举例说,设定营造师为A,制鞋匠为B,房屋为C,鞋子为D。营造师要从制鞋匠得到鞋子,就要把自己的成果给予制鞋匠。这个例子说明一个问题,即个体得到真正属于自己的东西时才是公平的体现。因此区域经济调控法治化过程既要注重动态公平,也要注重静态公平;既要注重部分的公平,也要注重整体的公平,并对此进行法律提升和制度保障。在追求区域经济总体发展的时候,不能忽视那些和整个区域发展存在差距的现象。应当利用法律的杠杆对社会的财富进行再分配,对社会上处于不利地位的人予以一定的补偿和救济。区域经济调控法治化的目的不仅是要实现区域内一个公平合理的竞争环境,体现区域经济体内分配的公平,更是要把这种一体化所带来的利益真正落实到个体利益之中,这样才能实现实质的公平。

---

① 单飞跃. 经济法基本原则研究 [J]. 经济法论坛, 2003 (1).

二、整体利益观：区域经济调控法治化的核心内容

区域经济体内的整体利益，从本质上来讲是由拥有相对自主权的区域经济一体化成员组织所共同创造出来的。然而，在区域经济体内利益及其机会发展上的分配不均现象目前在我国各区域经济体内依然十分突出，这对于区域经济发展及其整体利益调控是极为不利的。区域经济调控的法治化是追求整体利益的实现。区域经济立法过程中追求社会整体利益价值既是经济法的追求，也遵循了法律经济学中对法律和公共政策的要求。不过，整体利益原则却蕴含着难以解决的内在矛盾。社会整体利益原则在一定程度上确实能够于"个体私利"的自我追求中自然成就，很大程度上也能在个人利益的复杂交织中获得实现。但是这种实现始终蕴含了整体利益与个人利益的矛盾，其在根本上、长期上对个人利益促进的同时可能导致二者在局部上和短期上的背离，理性经济人对个人私利的追求并不必然导致整体利益的最大化，而整体利益的最大化也有可能并不是每一个个体的个人利益的最大化，个人很可能成为社会整体利益最大化的牺牲品。因而，区域经济发展及其调控法治化必须坚持整体利益观，兼顾个体利益，使两者同步发展，同步受益。

整体利益和个人利益的同步发展，实际上是一种和谐发展、科学发展的理念。在区域经济法律制度的设立上要兼顾权利与义务的角色性、权力与责任的双重性、规范性质和功能的二元结构性、责任的二重性等。[1] 构建并完善区域经济法律制度的目的就是要通过充分展示个体的角色并保护其功能发挥所需条件的存在和生成，从而达到整体利益的放大。当区域内每个成员均为这一整体发挥作用时，整体利益就得到了保护和

---

[1] 刘水林，雷兴虎. 区域协调发展立法的观念转换与制度创新 [J]. 法商研究，2005（4）.

促进。同时，整体利益的合理分配，有利于促进区域内信息、投资、财政、金融等要素的流通，形成一个完整的市场机制。还可以通过区域内各利益体的博弈，推动区域经济的持续发展，使整体利益实现最大化。

三、公平与效率观：区域经济调控法治化的必要考量

我国经济发展经验表明，公平与效率是区域经济发展过程中不可忽视的两个基本点，仅仅偏重其中任何一方面均要付出惨重的代价。只有区域间和区域内的经济发展差异限定于适度的范围之内，才有可能同时实现经济增长效率和社会经济公平双重目标。实践证明，这个"差异的适度范围"其上限应以不影响区域经济和整个国民经济发展的增速为界限，其下限应以该各区域内的人民可能承受并不至于发生和激化社会问题为界限。[①] 如果超过上限，虽然区域经济高速度增长，整个国民经济快速发展，但区域经济发展带来的区际差异过大将使得相当部分的人民生活达不到社会平均生活水平而处于一种艰难的境地。那么，经济增长的高效率可能被社会经济的不公平所引起的社会、经济甚至政治震荡抵消。另一方面，如果低于下限，区域间发展差异虽然很小，社会、经济问题发生的概率也可能接近于零，但区域间经济发展的平均主义将会使区域经济发展丧失掉动力，以致影响到整个国民经济的发展。因此，当前区域经济发展的目标是追求经济效率和社会公平的最大化及其协同发展。从效率目标来看，它有利维护于社会财富的日益增长。追求效率目标就是要在发展经济过程中，通过资源在空间内的有效配置，实现各区域经济的高速增长，从而取得最佳的经济效益，增强整个国家的经济实力。从公平目标来看，它有利于社会稳定和长治久安。追求公平目标就是要

---

① 李树桂. 我国区域经济政策的调整和完善 [J]. 经济体制改革, 1998（1）.

在发展经济过程中，通过运用各种手段，逐步缩小区际差异，实现区域之间的相对均衡发展，从而提高整个社会的和谐程度，以达到最大的社会公平。①

公平与效率是区域经济发展战略追求的两大目标，也是处理地区发展关系的逻辑基点和基本原则。如果一味强调公平而忽视效率，结果就只能是低水平的均衡，贫穷基础上的公平；反之，片面强调效率，忽视公平和协调发展，则会出现地区发展水平差距不断加大，阻碍国民经济持续、快速、健康的发展。由于效率与公平之间存在着这种反向关系，这就要求我们在制定和实施区域经济发展战略时不能只偏向于一方，而应该尽可能地实现两者的有机统一。② 总之，公平与效率是区域经济调控立法中必须予以考虑的关键因素，忽视其中的任何一个因素都会导致区域经济出现各种问题，最终影响到区域经济的持续健康发展。

四、可持续发展观：区域经济调控法治化的追求目标

可持续发展观是人类在对传统的工业文明和发展模式进行深刻反思的基础上形成的一种发展理念。该种发展理念得到了全世界各国及经济组织的认可。我国于1994年在《中国21世纪议程——中国21世纪人口、环境与发展白皮书》中确立了中国可持续发展战略。其核心内容有三项：(1) 以经济发展为核心，通过完善市场机制，发展科学技术，加强可持续发展能力建设来促进经济持续发展；(2) 控制人口数量，提高人口质量，发展教育，改善卫生和健康状况，改善社会福利制度，消除贫困，从而实现社会可持续发展；(3) 通过对自然生态环境的有效保护和自然

---

① 王明琴, 董刚. 区域经济发展中的效率与公平问题 [J]. 工业技术经济, 1996 (2).
② 杨小军. 从我国区域经济发展战略演进看公平与效率目标的选择 [J]. 江西社会科学, 2008 (2).

资源的永续利用,实现资源和环境可持续发展。

相对于区域经济发展法律制度建设来说,可持续发展理念不仅具有重要的指导意义,还应当成为区域经济调控法治化的追求目标。区域经济调控法律制度设计应当以追求人与自然的和谐为其最高目标。区域经济调控的各项法律制度从设计到实施过程中,调控目标里可以有重点发展地区,但不应该为了某个中心地区的发展而要求其他地区全力地、不计代价地支持,也不应该为了本地区当下的发展而穷尽一切资源,更不能只是为了经济发展而不顾社会的全面发展。区域经济的发展应当是一种理性的、可持续的发展,是一种惠及子孙的发展,因而区域经济调控法律制度的立法宗旨和基本原则要反映可持续发展的要求,在立法内容方面要将环境保持、改善等贯穿于经济发展之中,在执法和司法上要将可持续发展的目标作为一种重要的价值取向。只有这样,才能真正把区域经济发展带入长远发展的轨道。

第三节 区域经济调控法治化的内涵

区域经济调控的法治化内涵是一个极为丰富的概念,它对区域内经济法制建设和发展起着纲领性的作用。按照目前学界的通行观点,区域经济调控法治化的内涵在现阶段应包括区域经济调控法治建设的基本模式、基本原则及主要法律制度等。[1] 在这里,笔者认为区域经济调控法治化的内涵还应包括对区域经济调控法治化的理论基础进行探索,否则就

---

[1] 周继红. 我国区域经济协调发展法治化内涵研究[J]. 北方法学, 2011, 5(4): 73.

不可能形成完整的区域经济调控法治化理论，也不可能在对区域经济发展过程中制定出全面的法律制度。因此，本节主要涉及三个问题，即区域经济调控法治化的理论基础、基本原则和立法模式。

一、区域经济调控法治化的理论基础

什么是区域经济调控法治化的理论基础？目前在经济法学界研究极少。本书在结合区域经济调控的特点、综合考虑区际利益以及区域经济内部各种复杂关系的基础上，提出三个观点作为区域经济调控法治化的理论基础，即协商民主理论、平衡理论和公共选择理论。

（一）协商民主理论

该理论起源于英美传统的自由宪政主义和欧洲大陆中滥觞于德国的批判理论。20世纪70、80年代，自由主义和批判理论代表人物罗尔斯（John Bordley Rawls）、哈贝马斯（Jürgen Habermas）分别出版了以协商民主为题的著作，从而使得该理论开始风靡于世，之后一段时间我国相关学者陆续引进并研究该理论。作为一种新兴民主理论范式，其核心内容主要是指在政治共同体中，秉承自由、平等理念的公民，要求通过公共协商而赋予立法、决策以正当性，同时经由协商民主过程达至理性立法、参与政治和公民自治的理想。①

那么本书为何把该理论作为区域经济调控法治化的理论基础呢？主要原因有以下三方面：

一是区域内市场经济的快速发展为协商民主理论奠定了物质基础和社会基础。从我国几大主要经济区来看，其内部的市场率非常高，社会财富也极为丰富。由于市场经济本身包含一种契约理念，其内涵在实践

---

① 陈家刚. 当代西方协商民主理论的主要内容［J］. 上海：上海三联书店，2004.

中的发展极大丰富了人们运用契约形式促进经济发展的活动,在此过程中又不断加深了人们以契约精神参与社会活动和政治活动领域的观念。其必然的结果就是,它更加促成了各类市场主体的平等意识、参与意识和民主意识,同时区域内市场经济的发展使得社会结构更加多元化,利益分化的趋势加快,如果采取传统的区域经济调控方式就会带来难以预料和难以控制的冲突和矛盾。而协商民主的理念和方式的接纳与采用,尊重了各主体之间的权利,让各种利益在协商中能够调和与共生,更易于达成各方利益的共识。

二是协商民主理论的运用为消除区域经济体内地方保护主义开启了方便之门。区域经济体内存在着不同程度的地方保护主义,其根本原因在于各级政府对地方利益的维护。此时如果没有一种很好的制度来打破这种僵局,必然会为区域经济的调控带来困难,为区域经济的发展造成阻碍。以协商民主的理念来共商经济合作与发展,区域内各地方政府就能够通过对话交流的形式,逐步达成共识,寻求区域经济整体利益所在,更加有利于长期而深远的合作与发展。

三是制定区域经济调控各项法律制度和政策也需要协商民主理论的支持。改革开放以来,我国区域经济的发展主要依赖各类政策在调控,在依法治国的背景下,要使区域经济能够合法发展,必须要有法律上的支持,对此国务院原法制局主任孙婉钟指出,"区域的发展要有法律做保障,……如何发展区域经济,使它能够尽快地法制化是一个重要的问题"。[①] 2005 年我国曾将《中华人民共和国西部开发促进法》(草案)正式列入当年的立法规划,但由于种种原因至今仍未出台该法律。仅仅从这样一些现实来看,区域经济立法遭遇到了非常大的困难和阻力。笔者

---

① 中国首届区域经济开发法律问题高层论坛综述。

认为原因之一，就是协商民主理论没有在区域经济合作与发展中得到很好的应用。如果采纳并合理地运用该理论，在区域经济体内遵循国家法律的原则与规定的范围，以协商民主的形式去制定经济调控法律制度和政策，推动区域经济的发展，不仅完全可行，更重要的是这样的法律制定与执行必将带来良性的经济循环发展与结果。

（二）平衡理论

平衡理论在我国最先是由著名行政法学家罗豪才教授于1993年提出的。该理论主张行政权力与公民权利应当保持平衡状态，强调从关系的角度研究行政法，运用制约、激励与协商机制，充分发挥行政主体与相对方的积极能动性，维护法律制度与社会价值的结构均衡，促进社会整体利益的最大化。将行政法上的平衡论引入经济法领域的学者是冯晓青教授，他在专著《知识产权法利益平衡理论》（也是其北京大学的博士毕业论文）中分别从价值论和方法论的角度研究了专利权、著作权等与公共利益之间的平衡。学者李克欹专门对经济法的"平衡协调论"与行政法的"平衡论"进行比较，认为经济法中的平衡协调论是"以公法为主、公私交融"领域的理论，具有"平等地位"的平衡、"静动结合"的平衡、"实体法意义上"的平衡等特点，最终实现"双赢格局"的平衡理论。[①]

本书指出，平衡理论也是区域经济调控法治化中的基础理论。因为在当前的区域经济调控领域还存在以下冲突：一是行政区的各项政策法律与经济区的各项政策法律之间的冲突。区域经济内的各行政区的地方政府根据相关职权和社会经济管理需要在其本区域内制定了大量相关政策法律并建立了相应的制度，但是其中一些政策法律与落实经济区域的

---

① 李克欹. 经济法的"平衡协调论"与行政法的"平衡论"之比较［J］. 学术交流，2006（11）.

经济一体化发展目标而制定的政策法律及其相应的制度产生了冲突,要使区域内经济交流通畅,就必须消除这些制度上的阻碍;由于各行政区的政策法律均"师出有门",制度的合法性问题无从担忧,从而使经济区内的相应制度难以得到行政区政府的认可或是在与行政区的相应制度发生冲突时,行政区政府不予考虑。二是《中华人民共和国立法法》与地方性立法之间的冲突。立法法第八条规定,基本经济制度以及财政、税收、海关、金融和外贸等基本制度,只能由全国人大及其常委会制定法律。这就排除了上述关乎重要经济制度由地方经济立法的空间。地方政府为发展经济,在区域经济立法中涉及重要经济制度方面的协作立法时有冲动,可是在缺乏法理与制度支持的背景下协作制定的相关协议,其层次性不高、执行力不强等缺陷一直让这些协议的有效性难以为继。三是一元立法体系与多元立法实践之间的冲突。我国是一个单一制国家,实行的是一元立法体系,即全国人大及其常委会具有最高立法权,地方各级人大的立法要备案全国人大常委会或由其批准才能生效。但是现实中我们看到很多区域经济体协作组织及相应的政府正在行使一种实质意义上的立法权,尽管这无法体现和满足一种形式意义上的立法权的完备要件。两者之间必定存在各类的冲突。

本书认为,上述三种冲突的解决在理论上的回应可以运用、借鉴平衡理论及其核心内容。平衡各主体、各方面的利益,能够为区域经济的发展营造良好的、各层次的立法环境与立法平台。

(三) 公共选择理论

作为一种产生于20世纪40年代末的理论,近年来公共选择理论在世界各国产生了极大影响,它主要运用经济学的分析方法来研究政治决策机制如何运作。美国经济学家詹姆斯·布坎南(James M. Buchanan, Jr)提出并论证了经济学和政治决策理论的契约和宪法基础,丹尼斯·C·缪勒（Dennis C. Mueller）将公共选择理论概括为"可以定义为非市场决策的经济学研究"，或者简单来说，是将经济学应用于政治科学、法学、行政管理、公共政策等其他社会科学与政策研究领域，所以公共选择理论也被认为是最为名符其实的"政治经济学"。在此本书将公共选择理论作为区域经济调控的理论基础，主要是由于以下原因：

一是国家经济管理模式面临着新挑战，经济的市场化和全球化对国家的经济调整和微观规制提出了更高的要求；利益主体的多元化使各种公域问题复杂化程度提高；区域经济内部主体之间的利益纠纷也导致政府失灵和市场失灵现象并存。而公共选择理论则将各类矛盾和利益在一种契约的框架内分析和化解。

二是传统国家制度的顶层设计越来越不适应时代和区域经济发展的要求。制度的顶层设计由于涉及范围广、调整事项多、牵涉利益杂而不易于在制度的执行者当中得以有序有力地贯彻执行，从而将顶层设计的良好愿景虚化或是产生偏差。区域经济发展过程中产生的各类利益主体，其各自的利益诉求无法在顶层设计中就能被精准预料并做出利益解决方案。因此制度设计是否科学、能否被接受以至于最后的执行，理应交由与之利益相关的群体来决策。与之相适应，公共选择理论为之提供了一条较为合理的思路。

三是公共选择理论自身的价值在区域经济调控相关问题的解决上具有重要的借鉴意义：首先，公共选择理论中的"经济人"假设前提，能够客观地把政府、社会、相关个体的利益折映出来，也将经济区域内各行政主体的利益偏好考虑进来，从而为经济区域内法律法规制度、财政决策机制的设计提供了富有启发性的思路。其次，公共选择理论揭示了"偏好显示机制"在公共决策中的重要性，有利于实现经济区域内有效的财政决策。如在经济区域内公共物品的供给途径的选择上，设计一套有效的"偏好显示"机制反映各区域、各主体的对相关公共物品的不同需求,从而在财政预算上增加或减少相应区域、相应主体的预算额度,以达到最优的公共物品供给。其三,公共选择理论对政治决策程序和规则的研究成果的应用,对不断完善经济区域内各政府行政决策程序和规则有重要借鉴价值。即在行政管理过程中依据公共选择理论,需要筛选相对科学与合理的制度和机制去综合各方面的利益,并通过良好的鉴别和监督体系由各政府做出决策与执行。最后,公共选择理论中的"特殊利益集团"理论,体现了对经济区域内不同市场主体的政治经济利益,在协调各市场主体之间的经济关系中,立法者在经济领域制定相应的财政金融法律时,执法者在采取相应的经济措施时都可以选定一个全新有益的视角去行动。

二、区域经济调控法治化的原则

区域经济调控法治化的原则是对区域经济调控进行指导的基本规则,它对于区域经济调控立法、执法都具有重要的意义。根据区域经济本身的特点,本书认为,区域经济调控法治化的原则有以下几个方面。

(一) 协调发展的原则

所谓协调发展,就是区域经济调控法律的任务不仅要使区域内各管辖区域的经济共同发展,而且还要通过区域内经济的发展带动全国其他区域经济和非区域经济的发展。区域经济协调发展主要包含以下三方面内容:一是要使区域内经济实现一体化发展,这可以从根本上解决区域内经济发展的公正公平和发展机遇问题;二是要实现区域经济的错位发展,从而使区域内经济的趋同性减少,互补性增强;三是要使区域经济体之间借力发展,各经济体之间借助各自的优势、产业、资源等实现自身的发展。按照"十二五"规划纲要，区域经济协调发展，就是要进一步推进新一轮西部大开发，全面振兴东北地区等老工业基地，大力促进中部地区崛起，积极支持东部地区率先发展，加大对革命老区、民族地区、边疆地区和贫困地区扶持力度。

（二）差异化发展的原则

在当前我国各区域经济体之间，由于市场化程度和产业发展规模之间存在差异，各区域经济体发展水平极不平衡，差别非常明显，在之前实施的"十一五"规划和后来的"十二五"规划中，主要内容之一也是着重解决区域经济之间发展不平衡问题。所谓差异化发展，就是要消除区域经济体内与区域经济体之间不合理的种种差别，保持合理的能够维持各区域之间以及区域经济体内合法竞争所呈现的一定程度的差异，使之均衡发展。关于差异化发展，罗尔斯有过精彩的论述。他指出，差异化原则表达了一种这样的理念，即从平等分配原则出发，更有利者在任何情况下都不应以有损于更不利者变得更好的方式而变得更好，也就是说它蕴含了一个更为深刻的互惠性理念。① "十二五"规划②采取了对全

---

① Keek Park, Friends and Competitors: Policy Interaction between Local Governments in Metropolitan Areas, Political Research Quarterly, Dec, 1997; Brian A Ellison, Intergovernmental Relations and the Advocacy Coalition Framework: The Operation of Federalism in Denver Water Politics, Publics, Fall 1998.

② 国家"十二五"规划指出，在主体功能区，要逐年加大对农产品主产区、重点生态功能区特别是中西部重点生态功能区的转移支付力度，增强基本公共服务和生态环境保护能力，省级财政要完善对下转移支付政策。实行按主体功能区安排与按领域安排相结合的政府投资政策，按主体功能区安排的投资主要用于支持重点生态功能区和农产品主产区的发展，按领域安排的投资要符合各区域的主体功能定位和发展方向。修改完善现行产业指导目录，明确不同主体功能区的鼓励、限制和禁止类产业。实行差别化的土地管理政策，科学确定各类用地规模，严格土地用途管制。对不同主体功能区实行不同的污染物排放总量控制和环境标准。相应完善农业、人口、民族、应对气候变化等政策。对开发密度较高、应该进行优化整合的区域，加强对其空间开发的指导和协调，限制盲目开发，对资源环境承载能力较弱的区域，应当对开发建设活动进行必要的引导和调控。这其中体现的就是差异化发展的战略。

国各区域进行差异化调整的政策,反映到区域经济调控法上也必须遵循差异化的原则,才能在合法、合理的框架下进行区域经济调控。

(三) 利益共享的原则

区域经济发展的好坏,最核心的环节在于利益共享机制是否真正建立。有学者指出,"利益分配问题是区域协调发展的核心问题,也是重复建设和地方保护主义顽症久治不愈的根源所在"①。本书是赞同这种看法的。利益共享,准确地反映和表达了隐藏于区域内、区域各政府间代表的地区利益之争背后区域经济整体利益、共同利益的一种诉求。利益共享的立法原则若能够被渗透于相应的法律规范之中,就可以调和、平衡区域内、区域间各主体之间的利益,从而使区域经济调控的法治化成为一种最为现实可行的目标。

在区域经济调控立法过程中,要注意以下三个阶段:一是利益识别阶段。在这一阶段中,立法者应以中立的态度来看待区域经济内的各种利益,认识到它们之间的焦点所在,以便于下一步的立法工作;二是利益衡量阶段。这个阶段非常重要。在立法之前必须将利益识别阶段的各种利益进行评估、考量、权衡,将在立法上有价值的利益筛选出来,找出不同利益主体之间的价值共识,拟定出让大多数区域经济发展相关主体接受的立法方案。三是利益规范阶段。在这一阶段,立法者就是要把各种利益以一定的法律形式体现出来,达到一种各利益相关主体能够为追求共同利益而自觉遵守的程度。当然,此时立法者可能会牺牲某些地区或是主体的利益,使某些地区或主体的短期性利益受损,但必须以防止差异扩大为前提、以公正公平分配为前提,并有相应的利益补偿机制和扶持措施。

---

① 张可云.区域大战与区域经济关系[M].北京:民主与法制出版社,2001:390.

（四）平等协商的原则

平等协商原则体现了我国传统的"和合"文化理念，"和"就是各种异质因素的和谐共处，"合"就是各种异质因素的相互融合。两者的结合，体现了既坚持原则又尊重差异、既相互碰撞又形成共识的意识。在区域经济调控立法的整个过程中，如果遵循平等协商立法的原则，那么区域经济调控过程中就会减少不必要的摩擦，而且能使各方权益最大化。从行政管理的角度来看，尽管其区域经济体内的经济发展水平参差不齐，但是区域经济体内各行政主体的权利是平等的，它们彼此之间无领导与被领导的关系，也无隶属关系。因此，在实施区域经济调控立法时，要强调平等观念，在区域经济发展的重要问题上要进行平等协商，绝不能将一方的意志强加于另一方，更不能以损害经济弱势一方行政主体所代表的利益。也就是说，一个地区的发展要尊重其他地区发展的意愿和特点。[1] 平等协商原则内涵的更进一步的表达，是要求区域经济体在就共同的利益相关问题进行立法的时候，在对立法立项、立法草案商讨、审议和通过的过程中，各相关行政主体之间不仅要进行充分的酝酿、讨论和协商，统一各方意志，而且还要听取其他市场主体的意见，使区域立法能够体现区域内各主体的意愿，符合区域内各主体的共同利益，并为区域内各主体所广泛接受。

三、区域经济调控法治化的立法模式

区域经济调控法治化的立法模式是一个非常重要的命题，它涉及区域经济调控能否走向法治化的轨道，关系着法治能否在区域经济调控中

---

[1] 刘兆德，陈素青，王慧. 长江三角洲地区经济社会一体化初步研究［J］. 中国软科学，2004（5）：123-129.

发挥积极作用。当前，在区域经济调控问题上，存在一些不同的观点：一是区域经济调控中法律与政策冲突；二是区域经济调控中的立法主体与现行国家法律冲突；三是区域经济调控法律的定位；四是区域经济调控的立法模式。本节主要讨论第四个观点。对于立法模式，主要有三个代表性的观点。

（一）制定《区域经济协调发展基本法》为主体，其他相关法律为辅助的模式。如学者毕金平、史山山在《区域协调发展的比较研究》一文中就提出应构建以《区域经济协调发展基本法》为首的多层次区域协调发展的立法体系，该法律体系应由以下五方面的法律构成：一是制定《区域经济协调发展基本法》；二是在该基本法的框架内制定区域协调发展特别法，如西部开发法、中部崛起法以及东北振兴法等；三是制定实现中央政策手段法律化的财政转移支付法、财政投资法等专项法；四是制定能够区别对待不同主体功能区的《区域规划法》《产业政策法》等；五是制定规范区域协作和相互支持关系的《区域合作开发法》。① 以上立法模式用图表示如下（图3-1）：

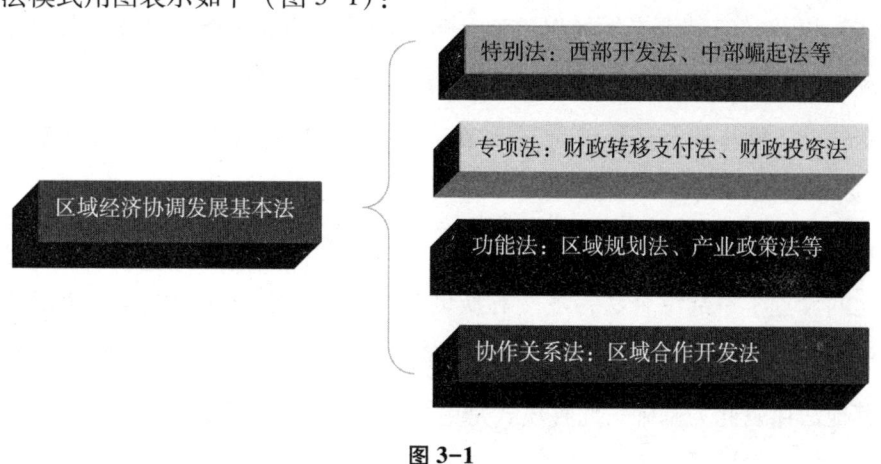

图 3-1

---

① 毕金平，史山山. 区域协调发展的比较研究［J］. 法制与社会：旬刊，2009（12）．

该观点获得大多数学者的认可，但在具体制定上有不同的观点。这种立法的思路遵循了我国传统的立法模式，即以一个基本法作为总法，其他法律为分类法，但均需要以基本法为基础来制定。在某种意义上，《区域经济协调发展基本法》就相当于区域经济内各项其他法律的"宪法"。

（二）建立以基本法为基础、综合法为桥梁，其他专项法、特别法为主的多元法律模式。周继红教授认为，首先应该制定一部统领和指导整个区域经济协调发展法律体系的基本法，其名称及其规范内容等还需进一步研究（此处他不同意学者毕金平的观点，即直接定义为《区域经济协调发展基本法》），其次是在基本法的统领和指导下制定适用于各区域的若干综合法，如《区域合作促进法》《区域产业布局调整法》《区域经济协调发展调控法》以及《区域经济协调发展资源优化配置促进法》等，这些综合法在基本法与特别法乃至专项法之间发挥承上启下的桥梁作用。再次是在基本法和综合法的指导下，制定若干区域开发特别法，具体而言，可分别制定《西部开发促进法》《东北振兴促进法》《中部崛起促进法》以及《东部率先发展促进法》等。最后是为实现国家各项调控、干预政策手段的法律化，制定多部专项法，如《财政转移支付法》《公共投资法》《税收调节法》《金融政策法》等。① 该种观点可用图表示如下（图3-2）。

周教授提出的模式与前一种模式的差异在于，它在基本法与其他法之间设置了一部综合法，虽然有所创新，但从整个立法思想来看并没有突破传统，即还是设想在区域经济调控立法中有统一的基本法为指导，其他法律以此为基础。此种模式是中央统一立法模式思路的翻版。

---

① 周继红. 我国区域经济协调发展法治化内涵研究［J］. 北方法学，2011，5（4）：74.

```
┌─────────────────────────────────────────────┐
│ 区域经济协调发展基本法，其名称及其规范内容等待定 │
└─────────────────────────────────────────────┘
                      ↓
┌─────────────────────────────────────────────┐
│ 综合法：区域合作开发法、区域产业布局调整法、区域经济 │
│ 协调发展调控法、区域经济协调发展资源优化配置促进法等 │
└─────────────────────────────────────────────┘
        ↓                           ↓
┌──────────────────────┐  ┌──────────────────────┐
│ 专项法：财政转移支付法、公共投 │  │ 特别法：西部开发法、东北振兴促进法、│
│ 资法、税收调节法、金融政策法等 │  │ 中部崛起法、东部率先发展促进法等   │
└──────────────────────┘  └──────────────────────┘
```

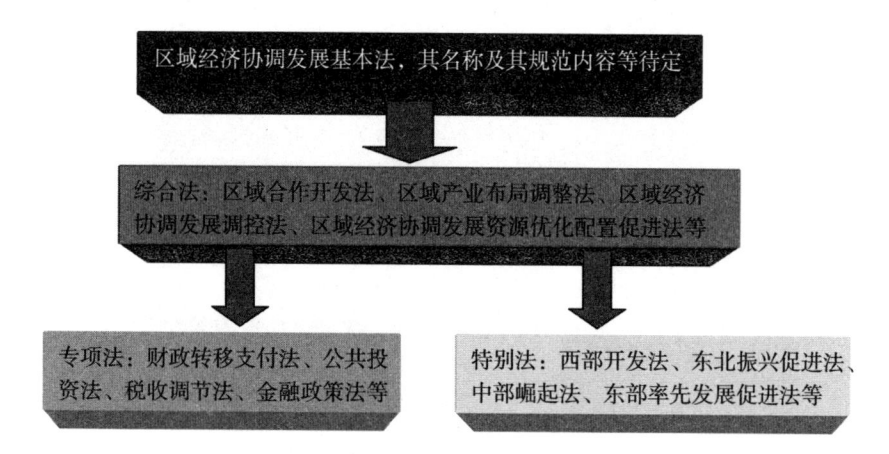

图 3-2

（三）制定一部调整区域经济的实体法与程序法并存的区域经济基本法模式。此种观点是在综合考虑我国现行区域经济立法秩序混乱、区域经济发展不规律等现象提出的。代表人物是董玉明教授。他认为，我国区域经济基本法的任务是通过特定的实体性与程序性法律规范的界定以及区域经济发展的总体目标，明确各区域经济主体的法律地位及其相互关系与权利义务，保证区域经济决策程序与规划内容的科学化。内容包括八个方面：一是对区域经济含义的法律界定；二是规定区域经济立法形式及其决策程序；三是确定区域经济管理的体制；四是规定区域经济管理的基本原则；五是明确在区域经济管理中涉及的职责与权限；六是区域经济管理制度；七是跨地区区域经济协作主体地位、权利义务及其实现形式之界定；八是区域经济发展涉及的法律责任。[①] 图示如下（图 3-3）：

[①] 董玉明. 略论区域经济基本法的制定 [M] //刘隆亨. 中国区域开发的法制理论与实践. 北京：北京大学出版社，2006：9.

区域经济基本法内容 {
- 区域经济含义的法律界定
- 区域经济立法形式及其决策程序
- 区域经济管理体制
- 区域经济管理的基本原则
- 区域经济管理中涉及的职责与权限
- 区域经济管理制度
- 跨地区区域经济协作主体地位、权利义务及实现形式界定
- 区域经济发展涉及的法律责任
}

图 3-3

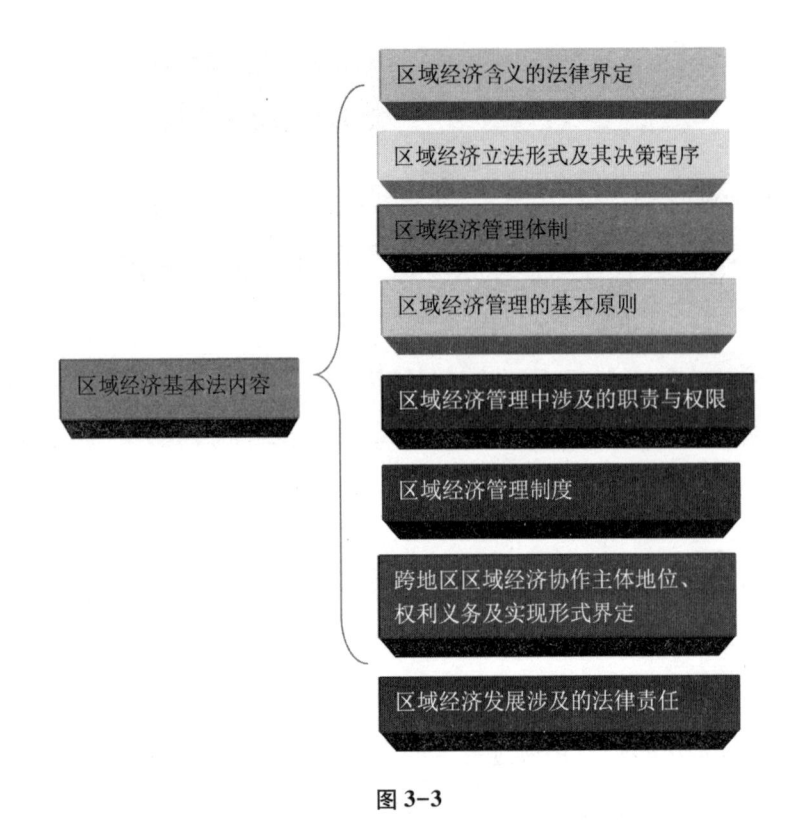

从图可看出，这种立法模式把区域经济立法、相关制度及跨区域经济主体等方面内容都涵盖了进去，看似非常完美，实际上它最大的不足就是试图"毕其功于一役"的思维进路，从而导致其内容虽广，却难以执行。因此本书不赞同此种立法模式。

（四）本书的观点：软硬兼施的立法模式。前面三种立法模式均没有跳出传统思维模式，由于对区域经济体内的实际关注不够，对现有法学理论进展吸收不够，从而提出的观点难以具有操作性和创新性。笔者认为，区域经济调控中采取何种立法模式，不能脱离国家的立法传统和现行的立法现状以及法学领域最新发展现状，否则就难以对区域经济这一新型领域的调控提出有价值的立法思路。基于前面的相关理论和区域经

济发展实际，结合法学研究最新现状，本书认为，既要建立以区域经济调控法为主体，其他综合法、专项法、特别法为辅的国家硬法立法模式，还要确认区域内机关之间以及区域内社会各权力主体之间建立各项章程（纲领）、规则、原则、协议等软法模式。本立法模式如图所示（图3-4）。

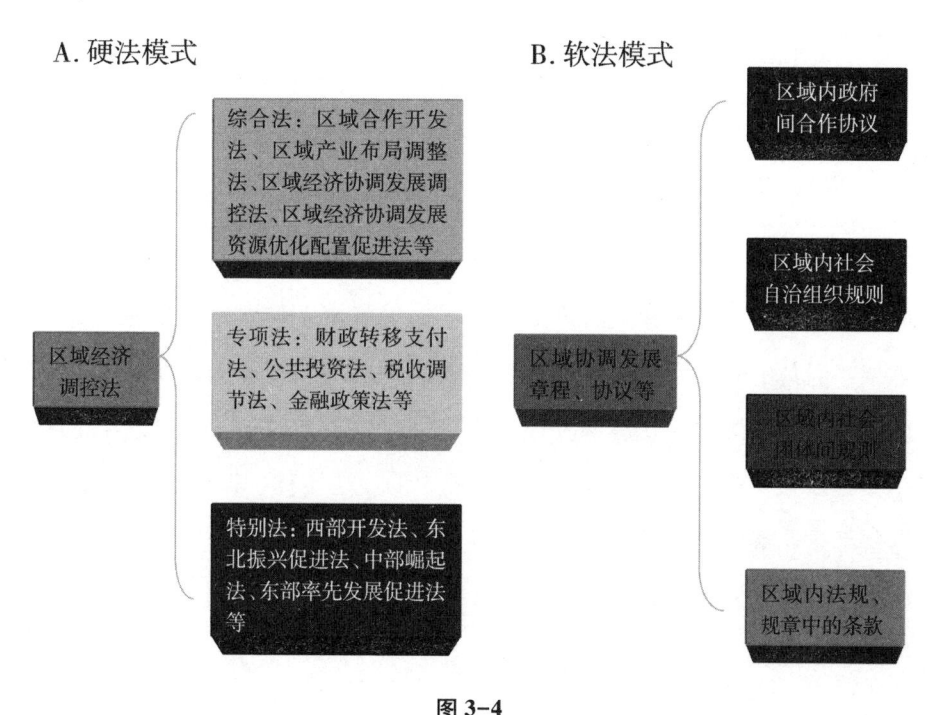

A. 硬法模式　　　　　B. 软法模式

区域经济调控法
- 综合法：区域合作开发法、区域产业布局调整法、区域经济协调发展调控法、区域经济协调发展资源优化配置促进法等
- 专项法：财政转移支付法、公共投资法、税收调节法、金融政策法等
- 特别法：西部开发法、东北振兴促进法、中部崛起法、东部率先发展促进法等

区域协调发展章程、协议等
- 区域内政府间合作协议
- 区域内社会自治组织规则
- 区域内社会团体间规则
- 区域内法规、规章中的条款

图 3-4

从上方两图可看出，两种立法模式可以各自发挥其优势，相互补充不足，能够克服当前对于区域经济合作中的种种困境，很好地解决区域经济协调发展所带来的法治难题。笔者认为，这种新的立法模式理应成为当前我国区域经济法治化过程中的重要参考。

第四章

我国区域经济调控法治化宏观分析

在第三章，本书提出了区域经济调控法治化过程中必须采取软硬兼施的立法模式。这两种立法进路体现了区域经济调控法治化的新的思维框架，但其中还有许多具体的内容需要进一步分析，如为何提出要采用软硬两种立法模式？硬法调控模式中区域经济调控法的立法主体、调控主体是什么？软法模式中区域经济调控中的立法主体、调控方式有哪些？这些都是非常重要的内容，只有对这些问题进行深化研究，才能真正了解区域经济调控法治化的内涵。本章主要从宏观方面分析上述内容。

第一节 区域经济调控软硬法的提出背景

中国产业发展和产业结构调整历程伴随着40多年的改革开放而不断演变：东部成为产业投资政策扶持的重点区域，中西部地区则成为劳动密集型区域。随着市场机制发展和产业政策调整，我国形成了长三角、珠三角、环渤海经济圈三大产业和城市集聚区域，搭起了中国区域产业结构的空间框架。各经济区域根据国家相关的产业政策框架，制定出符合本区域的产业状况法规和实施各项区域产业政策，并将其写入本区域制订的经济发展计划，如广东省的"十四五"规划提出加快形成"一核一带一区"的区域经济布局，建设更高水平现代化区域协调发展体系，将产业结构调整和产业优化升级作为本省经济调控的重点任务。随着各省各地十四五规划的出台，各地还将出台针对本区域特点的单行产业政策，培育现代服务业、区块链产业、数字经济、5G、工业互联网、物联网和人工智能等新兴行业。要素和产业的流动所带来的集聚规模经济效应推动了沿海乃至全国的经济增长，提升了我国产业的国际竞争力。但持续的要素和产业集中也反映出区域产业结构政策所带来的不容忽视的问题。

由此可见，我国区域经济的产业结构调控一直是受国家不同时期国民经济发展规划的影响，在更多的情况下是增加了人为因素，因此区域的产业政策从未纳入法治化的轨道，而仅具有原则性和指导性的产业政策缺乏强制执行力和责任追究，因此并不能保证产业结构调控目标的实现。只有把区域产业结构调控纳入软硬法的调控中，才能真正发挥其作用。

一、现实背景

区域经济调控法治化在近年来一直是学术界与实务界关注的重点课题，相关论述非常丰富，各种观点异彩纷呈，有人认为，要制定一部区域经济协调发展基本法；有人认为，可参考美国、日本等国外的立法模式，首先要从制定我国区域开发法进行突破，然后再制定全国性的区域经济发展法；有人认为，要制定一部区域经济调控法，其内容涵盖区域产业结构、投资开发、金融法律等方面，促进区域经济的协调发展。诚然，上述种种观点有很大的参考价值和实用价值，但不可否认，这些观点还仅是拘泥于传统的硬法立法模式，将区域经济健康有序发展寄希望于法律的强制推行上，使区域经济发展真正有法可依。然而，主张硬性立法的这些学者忽视了一个非常重要的现象：尽管至今国家还没有出台有关区域经济调控方面的基本法律和重要法规，但是区域经济的发展依然在相关政策、行政协议及区域性合作章程的规定中有序推进。这说明上述政策、章程、协议等一直以来就没有进入主张硬法学者的视野，或者说没有纳入其主体性思维中，或者说他们没能认识这些政策、协议和章程的真正价值。笔者认为，要真正推进区域经济的法治化（法治化的真实内容应是区域经济有序发展），就非常有必要把这些没有被国家立法机关正式纳入立法规划的章程、协议统筹到区域经济法治调控体系中来，否则就可能阻碍甚至损害区域经济调控真正意义上的法治化。

二、理论背景

自20世纪90年代以来，国外学者在关注国家层面正式立法的同时，开始越来越重视软法的研究。软法是什么？目前公认的定义是法国学者Francis Snyder 在1994年对软法的定义：软法是原则上没有法律约束力但有实际效力的行为规则。[①] 此后，美国的哈佛大学、日本的东京大学开始成立软法研究中心，展开了对软法的研究。我国学者也很早注意到这一现象，但是在研究中没有抽象化"软法"这一概念。真正标志着我国软法研究的开始是北京大学法学院，该院于2005年12月成立了北京大学软法研究中心。此后，陆续出版发表了一系列有关软法方面的研究书籍和

[①] Francis Snyder, "Soft Law and Institutional Practice in the European Community", Steve Martin: The Construction of Europe: Essays in Honour of Emile Noel, Kluwer Academic Publishers.

文献，并开展国际学术交流，大大提升了我国软法研究方面的国际影响。在关注区域经济法律制度方面，我国学者杨丽艳在其著作《区域经济一体化法制制度研究——兼评中国的区域经济一体化法律对策》（2004年版）第三部分里就明确分析了区域经济一体化中的软硬两种模式，表明我国学者开始展开对区域经济发展进行软法层面的思考，但由于其专业方向是国际公法研究，因而更多的是强调在国际公法层面。① 2007年，我国学者张永忠在博士论文《中国—东盟政府间经济合作机制：区域公共治理的法制化路径》中就有关中国与东盟之间的经济合作的软法方面进行了细致的探讨。② 这是经济法研究的学者首次从软法层面上讨论区域治理方面的法律问题。这些研究对于我们研究国内区域经济调控法治化具有重要的参考价值，因此在研究国内区域经济发展时不应忽视国内外对区域经济中软法的理论研究。

第二节 区域经济硬法调控的相关问题

如前所述，迄今为止，我国还没有制定出区域经济调控方面的硬法规范，尽管许多学者多次提出了不同的主张和建议。那么为何未能制定出相应的硬法规范呢？本书认为，主要原因是对于区域经济硬法调控中的立法主体、调控主体、受控主体以及调控方式等方面没有明确、系统的研究，从而在实践中无法进行有效操作。为此，本书尝试就上述几方

---

① 杨丽艳. 区域经济一体化法制制度研究——兼评中国的区域经济一体化法律对策[M]. 北京：法律出版社，2004.
② 张永忠. 中国—东盟政府间经济合作机制：区域公共治理的法制化路径[M]. 广州：暨南大学出版社，2007.

面的问题做统一阐述。

一、区域经济硬法调控的立法主体

(一) 我国现行区域经济硬法调控的立法状况

总体来说,我国目前实行中央与地方立法并存的立法体制。在中央层面,全国人大及其常委会具有法律的制定权,国务院及其部门分别享有行政法规和行政规章的制定权;在地方层面,各省级人大及其常委会、省级政府所在的市及较大市的人大及其常委会享有地方性法规的制定权,民族自治地方有民族自治条例和单行条例的制定权,省级政府、省级政府所在的市和较大的地方政府享有规章的制定权。但是根据立法法第二章第八条的规定,基本经济制度以及财政、税收、海关、金融和外贸的基本制度等事项,只能制定法律。由此可知,区域经济调控类的硬法,应当由全国人大及其常委会制定成法律。中央立法机关针对特定区域的经济发展状况和需要,在宏观经济调控目标和原则的指导下,制定区域经济调控的法律。

正是在这一法律规定之下,我国关于区域经济的立法现状难以突破。作为中观经济的重要体现,区域经济是一国国民经济中客观存在的经济层面。然而,"在现有的经济法结构理论中,中观经济调控法并未获得独立的地位,关于中观调控的法律研究也几乎是真空地带"[①]。一个完整而又协调的区域经济调控法律体系至今没有建立起来,这显示了我国区域经济调控的硬性立法的种种不足。

第一,现有的区域经济立法协调性明显滞后。我国各区域在考虑本

---

① 董玉明. 区域经济法律调整的二元结构解析 [J]. 山西大学学报(哲学社会科学版),2004 (3):73.

地发展战略时会把自身利益和地方利益置于首位，或者采取"爱哭的孩子有奶吃"的方式，向中央要政策、要优惠措施等方式来争取更好资源与地位发展本区域经济，并依此制定出符合其自身利益和地方利益的地方性法规及规章。由于上述重要制度和事项的立法权统一在全国人大及其常委会，如此一来跨地区的经济合作法律制度在地方立法机关和政府之间就形成了一个法律障碍，即在中央层面上的对地方利益协调机制缺位时，地方层面上的重要制度的建立只能以相互间的政策性措施与协议去解决。这极不利于区域经济的健康、协调发展。

第二，反映区域经济调控意图的内容不足。从已有的《中华人民共和国企业所得税法》《中华人民共和国价格法》《中华人民共和国商业银行法》《中华人民共和国预算法》等涉及税收、价格、金融、财政等经济手段和政策的法律内容来看，它们均带有浓厚的行政管理色彩，缺乏基于社会本位的经济调控目的和内容。即便是其中关于宏观经济调控的内容，也明显有不足之处甚至是调控规范缺位，更不用说区域经济调控的内容了。也就是说，区域经济调控应有的内容根本就没有体现在现有的经济法律法规之中。因此有必要制定与上述法律法规能够对应与衔接的调控区域经济的法律法规，以弥补现有经济法律体系的不足。

第三，区域经济调控政策性立法文件的尴尬。从中央层面来看，目前还没有制定出一部真正意义上有关区域经济调控方面的法律，只是在国民经济发展规划中列有相关政策措施。1999年提出西部大开发的政策之后，国家委托西部开发办制定一部《西部大开发法》，学术界也进行过热烈的讨论，并发表过种种观点，相关部门也做过不少调研，但至今这部法律还未出台。因此在区域经济调控的计划、区域投资和开发等方面的国家性法律还是一片空白。从区域经济的地方立法来看，地方政府多数以政策、指令、通知之类的普通行政机关文件作为实施区域经济调控的依据。由于政策在具体执行中无法对应法定的义务性，其法律责任亦无法落实到位，使得对违反政策的责任追究出现真空，而且政策在执行过程中也容易出现人为的增减或者修改，使得区域经济调控最终因缺乏法律的支撑而搁浅或落空。

（二）区域经济调控的立法主体

根据已有的研究，国内经济法学界就区域经济调控的立法主体提出过三种不同的观点。一是以经济区域统一行政区划并以此为基础建立统一的行政和司法机构，对各行政区域的经济和社会发展进行有法律拘束力的规划和规制。① 二是设立跨区域的立法主体。该观点认为，由于我国上有国务院的行政法规和部门规章，下有省级和较大城市的地方规章，中间的空隙似乎太大，因此有必要在此中间层次上增加一种新型的行政立法模式，即区域行政立法。所以就提出在法制统一的前提下，经全国权力机关或国务院授权，由相关省的省级政府有关人员在协商自愿的基础上组成区域行政立法委员会，作为区域行政立法机构，制定能在相关省统一适用的行政立法。② 三是建立中央立法主体和地方立法主体。③ 该观点认为，此种做法在现有立法制度下，既不扰乱现有立法体制，又能有效地通过立法来规范和保障区域经济调控的目的。

针对上述三种观点，本书倾向于采取第三种观点落实区域经济调控的立法主体。因为它考虑了我国是一个单一制国家的特点和立法体系，区域经济硬法调控的立法主体之设定不能脱离我国现实进行大的变革，否则就只能是无本之木、无源之水，其观点也就仅限于理论探讨，束之

---

① 中国科学院可持续发展战略研究组.中国可持续发展战略报告［M］.北京：科学出版社，2004：63.
② 王春业.长三角经济一体化的法制协调新模式［J］.石家庄经济学院学报，2007（6）：82.
③ 彭立群.论我国区域经济调控的立法模式［J］.求索，2010（3）：11-13.

高阁而无任何实际意义。但是对于第三种观点，本书进一步认为，中央立法主体和地方立法主体的划分只是一种粗线条的提法，需要细化如下。

第一，应将中央、地方两个立法主体分为纵向立法主体和横向立法主体。中央立法主体实际上是在纵向的层面对全国区域经济调控和区域经济体之间的立法事项进行运作，而在此情形下纵向立法主体主要指两种情况：一是中央立法机关即全国人大及其常委会、各区域经济体内的有权进行地方立法的立法机关根据中央立法机关的所制定的相关法律再制定相应的地方性法规；二是中央国家行政机关即国务院根据中央立法机关所制定的相关法律制定相应的行政法规，各区域经济体内的省级政府以及具有规章制定权的市级政府制定相应的地方政府规章。横向立法主体指区域经济体内的立法机关之间、区域经济体内政府之间、区域经济体之间的政府以及区域经济体政府与中央部委之间就某一区域经济事项进行的立法。由于这种立法主体之间不是上下级关系，而是平行关系，因而它们的立法是一种横向的立法。

第二，应充分考虑跨行政区域意义上经济立法调控的问题。跨行政区域经济立法调控的难题主要在于应当由谁来主导此种立法以及此种立法的效力如何等。目前已经有一些区域经济协同发展意向的地方政府间尝试了此种立法形式，如东北三省政府于2006年7月签署了《东北三省政府立法协作框架协议》，旨在建立政府法制资源共享的省际立法协作机制。但是这种协作只是一种工作上的协作，不涉及立法主体等实质性事项，因而只具有一种象征意义上的作用。也有学者提出建立区域协调立法或者区域法制协调的构想。他们认为，区域协调立法是指作为经济区域组成部分的各个省区，通过一定的协调机制，以区域经济发展的要求来指导和调整各自的立法，并逐步实现各个省区的区域经济调控立法的协调一致。区域立法协调机制虽然有一定的作用，但是它并不是解决跨省区经济调控立法问题的长久之计。实际上，这种立法协调机制在运行上也有一定的难度。通过定期协商机制所制定的"宣言"和"声明"之类的一系列行政协议，多数是一种松散的契约，约定的内容也较为笼统，多数表现为原则性的认识或者共识，可操作性不强，更没有法律效力。

  笔者认为，跨行政区域经济调控立法可以有两种参考模式。一种是引用立法法第六十五条有关经济特区立法的规定，即成立经济特区的省市人大及其常委会，根据全国人大的授权，可以制定地方性法规。该地方性法规在本经济特区内具有优先适用的效力。我国的长三角、珠三角或东部经济区、中部经济区等，都可以视为一个经济特区，全国人大可以授权这些地方的人大及其常委会，采用联合立法的方式，制定出适用于该区域经济的地方性法规，其法律效力等同于其他的地方性法规，不能因为其是多省级人大联合立法就高于某一省的人大及其常委会制定的地方性法规，因为该种联合的地方性法规适用范围只是针对该区域经济体内的某些事项的实施。二是立法法第七十二条规定，涉及两个以上国务院部门职责的事项，可以由相关部门联合制定规章或提请国务院制定行政法规。跨行政区域的经济调控事项，必然涉及区域经济体内两个以上的省、自治区或直辖市的事务。区域经济体内各省级地方政府可以对涉及的共同事项，联合制定适用于整个区域的规章，其法律效力等同于其他的各地方政府规章。对比以上两种立法模式，第一种有利于处理好跨行政区域立法机关行使区域经济事项立法权问题，即只要全国人大授权这些行政区域的人大及其常委会，就可以制定跨行政区域的地方性法规；第二种有利于处理好跨行政区域具有规章立法权的各级政府之间进行联合立法问题，这样的联合立法形式灵活，既可由区域经济体内各地方政府之间，也可以由区域经济体内各地方政府与中央政府部委之间来制定规章，还可以由它们共同提请中央政府即国务院制定出行政法规。

二、区域经济硬法调控的调控主体、受控主体及相关内容

制定区域经济调控法,首先就是要规定其调控主体及其权限,以及受控主体等相关内容,使区域经济调控立法、执法、司法等法律事务从一开始就能够沿着法治的轨道进行。

（一）区域经济调控主体及其权限

在区域经济调控法律关系中,作为调控主体的国家机关是不可或缺的主体。与前面论述相对应的是,区域经济调控主体分为纵向调控主体和横向调控主体两大类。纵向调控主体包括全国人大及其常委会、国务院、区域经济体内的省级政府以及具有规章制定权的市级政府；横向调控主体包括区域经济体内的立法机关、区域经济体内政府、区域经济体之间的政府以及国务院相关部委如国家发改委、中国人民银行等。不管是经济调控权,还是其他的经济管理权,都是由国家机关来行使的。这也就是说区域经济调控的各项经济政策和法律及其相应的措施也是通过特定的国家机关的行为来实施的。从这个意义上说,调控主体也可以称作调控机关。

为规范和保障区域经济调控权的正确行使,区域经济调控的立法有必要确立调控机关（包括中央一级的调控机关和地方各级调控机关）在区域经济调控中的法律地位,明确规定其调控权限,并合理地界定调控机关和区域经济的关系。调控机关和区域经济的关系,主要是指调控机关在调控区域经济的过程中要扮演什么样的角色,如何进行定位。调控机关实施调控行为,干预经济的运行,确保经济健康发展,这是现代市场经济发展必不可缺少的。国家机关对市场经济的调控,更多的是通过经济政策与法律来指导和影响经济的运行,而不是通过行政管理的方式

直接干涉和管理市场经济主体的经济活动，如直接对市场经济主体发布指令，规定其应当做什么或者不应当做什么。所以，调控机关在区域经济调控的过程中，所充当的角色不应当是行政法意义上的行政管理主体，而应当是经济法意义上的经济调控主体。只有明确了这一点，才能确保法律赋予调控机关的经济调控权在行使的过程中不会偏离方向，才能确保区域经济调控的顺利进行。

区域经济调控主体通过制定和执行区域经济规划、产业政策、价格、区域开发等方面的法律法规，充分利用计划、税收、财政、金融、物价、投资等调控政策，调节和影响社会资源的配置数量和方向，使得社会经济资源得到有效利用，建立合理的区域产业结构和高效益的产业组织。例如，通过区域开发法，调控主体加大对欠发达地区的投资开发力度，增强欠发达地区的经济实力，促进各区域之间经济的平衡与协调发展；再如，通过产业结构调整法，发展高科技产业，改造传统产业，淘汰落后产业，实现产业结构优化。

关于区域经济调控主体的权限，应当主要有以下五方面：一是经济计划制定权。我国的中央和地方各级政府作为调控主体，都是以制定五年计划或者经济发展规划来统筹财政、税收、利率、价格等；相应地，区域经济调控主体根据五年计划制定区域经济计划，向微观经济主体传达经济信息，帮助市场主体预测经济发展的趋势，做出合理的经济决策。二是区域投资开发权。为了实现区域经济发展的战略目标，中央和地方需要对特定区域，尤其是中西部欠发达地区进行综合性的投资开发。对这些区域的开发，仅依靠其本级政府的财政资金难以实现开发的目的，国家需要通过区域经济合作、区域经济扶助等途径来推动它们的发展。因此，区域经济调控主体的这一权力非常重要，对于协调全国区域经济发展、平衡各区域内的各种利益、维护国家的团结和稳定都有重要的意义。三是财政税收调控权。区域经济调控主体运用税收和预算支付、国债、财政转移支付以及政府采购等主要财政政策工具，分配社会产品和国民收入，引导资源流向，调整和形成特定的资源结构和产业结构，实现资源在各个区域间和区域内的有效配置。以区域产业发展为例，调控主体可以通过税收减免的方式来扶持或者鼓励支柱产业和先导产业，以高税收政策来抑制夕阳产业从而引导资金和资源发展朝阳产业，还可以通过税收优惠来鼓励投资者向欠发达地区投资。四是产业政策制定权。区域经济调控主体根据区域经济发展的内在联系，对特定的产业进行扶持和调整，使资源有效使用和合理配置，为形成公平有效的市场竞争创造条件。五是金融调控权。金融调控权只能由中央机关统一行使，在对货币、利率和汇率进行调控的过程中，通过对法定准备金、贴现率、公开市场业务等三大手段的运用来稳定货币供应，调控金融秩序；通过对利率政策制定与调整来集聚社会资本流量和流向，调节存贷款变化，从而引导产品结构、产业结构，最终使整个经济结构优化。

（二）区域经济受控主体及其权利

与区域经济调控的调控主体相对应的另一方主体，即作为受调控主体调控对象的受控主体。笔者认为，这一主体主要是受调控主体行为影响的各类组织和个人，有时候调控主体一方也可以成为受控主体，原因如下：（1）从经济学的角度来看，调控主体是公共物品的提供者，决定着财产的再分配权，在市场经济条件下，它们可以作为一般的市场经济活动主体而追求经济利益，此时它们就成了受控主体；（2）从管理层面来看，除中央层面的管理机构外，区域内各级管理机构的调控权力需要上一级权力来制衡，此时一些调控主体也就成了受控主体。但是调控主体和受控主体之间不是一种简单的管理和被管理的关系。因此，在区域经济调控的过程中，区域经济调控法律不仅赋予受控主体相应的权利，而且这样的权利也会越来越多。综合起来，受控主体主要有以下几种权利。

第一，区域经济调控硬法选择执行权。调控主体制定的区域经济调控法律尽管带有强行法的性质，但它却是从宏观上对区域经济采用的普遍性规则，受控主体可以根据区域经济内的实际情况并结合硬法的规定进行选择性执行；如果一味地以硬法为标准来执行，经济调控政策目标可能不能实现，因此对于调控主体依据任意性规范和提倡性规范实施的促进性调控政策或者指导性调控政策，受控主体有权决定是否接受。

第二，区域经济调控硬法制定参与权。在制定区域经济调控法律时，受控主体与此终究是最大利害关系者。因此，根据有关法律，在对重大公共利益等事项进行决策或制定法律时，调控主体应当举行听证会或在调研时充分听取受控主体的意见。对于遵循法定程序而实施的调控政策与法律，在可能对社会公众利益产生负面影响甚至是可能导致社会公众利益损失的情况下，受控主体可以也应当向调控主体（立法机关）提出申诉或建议，要求对相关政策和法律予以调整、修改甚至撤销的权利。

第三，维护区域经济发展的合法权益的救济权。调控主体在实施区域经济调控时必须按照法定的程序进行决策和执行。违反法定程序做出的调控行为可能会对区域经济发展造成重大影响从而侵犯受控主体的合法权益，因而受控主体有权按照法律来维护自身的合法权益。例如，存贷款利率的变动，只能由中央机关来决策，其他任何机关的决定和命令均不能发生变动利率的效力。若个别政府违法变相变动利率而给特定的受控主体造成经济损失，那么受控主体可以通过行政复议法或行政诉讼法的相关规定来维护自身的合法权益。

第三节 区域经济软法调控的相关问题

对于研究我国区域经济和区域经济法制的学者而言，提出区域经济软法调控是一个全新的概念。因为在以往的研究中，区域经济学者和区域经济法制学者只注重国家层面的硬法调控，而没有把行政法学、国际公法学等领域的成果应用到区域经济调控（法）研究中。事实上，由于我国至今未制定出区域经济调控的硬法规范，一直以来，是区域经济领域的软法调控承担着我国区域经济调控法的重任，这只不过是对这一现实的概念化问题上诸如协议、章程、条约、规章等不同的称呼来使用与研究，从而使这一调控方式无法进行学术上的类型化研究。本节在吸取行政法学和国际法学研究成果基础上，将这一事实存在的调控方式称之为区域经济软法调控，并就与区域经济调控有关的问题进行研究。

一、区域经济软法调控现状

在论述区域经济软法调控现状之前，笔者认为首先要明白软法的相关理论知识，否则就无法理解区域经济中的软法调控的内涵，更无法对其现状进行描述。

（一）软法的概念及特征

关于软法的概念，有两种非常具有代表性的观点。罗豪才教授认为，软法是一个概括性的词语，被用于指称许多法现象，这些法现象有一个共同特征，就是作为一种事实上存在的可以有效约束人们行动的行为规则，而这些行为规则的实施总体上不直接依赖国家强制力的保障。姜明安教授则从法的特征出发分析指出，软法是一定人类共同体通过其成员参与、协商方式制定或认可的，在内容上具有相应民主性、公开性、普遍性和规范性，且与道德、习惯、潜规则、法理、政策和行政命令相区别的一种非典型意义的法。[1] 从以上关于软法的定义可以推断出软法的特征主要有以下五方面：（1）从主体上看，软法规则的形成主体具有多样性，既可能是国家机关、公法人，也可能是社会自治组织或混合组织等，后两者形成的规则需要得到某种形式国家直接或间接的认可；（2）从形式上看，软法表现形式多样，既可能以文本的形式存在，也可能以某些具有规范作用的惯例形式存在；（3）从内容上看，软法一般不规定罚则，通常不具有硬法那样的强制制裁性法律后果，更多是自律和激励性的规定；（4）从过程来看，开放协商、协调机制是软法形成和实施不可或缺的重要环节；（5）从效力上看，硬法的实施不需要行为者将规范的要求内部化，软法的实施则需要行为者将规范的要求内部化，违反软法规范通常不能起诉到法院或受到其他形式的国家强制。

（二）软法的内容

正如罗豪才教授指出的，软法是一个概括性的词语，因此要明白哪些属于软法规范、哪些不属于软法规范就显得非常重要，否则就不知道什么是真正的软法规范。那么软法的内容有哪些呢？梁剑兵副教授依据软法的定义，并综合各类软法现象之后提出软法的内容有以下11种：（1）国际法；（2）国际法中那些将要形成，但尚未形成的、不确定的规则和原则；（3）法律意识与法律文化；（4）道德规范；（5）民间机构制定的法律，如高等学校、国有企业制定的规范、规则；（6）我国"两办"（即

---

[1] 罗豪才，等. 软法与公共治理 [M]. 北京：北京大学出版社，2006：90-95.

中央办公厅、国务院办公厅）的联合文件；（7）程序法；（8）法律责任缺失的法条或法律，即只规定了应该怎么做，但没有规定如果不这样做怎么追究相应法律责任的法条或法律；（9）仅有实体性权利宣言而无相应程序保障的法条或法律，如没有相应程序性保障的宪法序言；（10）法律责任难以追究的法律；（11）执政党的政策等柔性规范。① 而姜明安教授认为只有六个方面的规则才是软法规范：（1）行业协会、高等学校等社会自治组织的章程、规则、原则；（2）基层群众自治组织内部的章程、规则、原则；（3）人民政协、社会团体的章程、规则、原则、纲领；（4）国际组织，如联合国、WTO等的章程、规则、原则；（5）法律、法规、规章中没有明确法律责任的条款，即硬法中的软法；（6）执政党、参政党内部的章程、规则、原则。② 笔者赞同姜明安教授的观点。

（三）我国区域经济软法调控现状

从笔者所掌握的信息来看，我国在区域经济调控中使用软法的情况相当普遍，甚至可以说是一种最主要的方式。在表现形式上，主要有指导意见、行政协议、框架性协定或合作备忘录等；在内容上，主要有协商机制、定期磋商机制、信息反馈机制、联合通报机制、重大问题共同论证机制等。但是这些均不能反映出区域经济软法调控的现状，真正能反映现状的是我国各级政府及其部门在面对区域经济中的问题时采取的调控方式或者说处理该类问题的途径，他们把这种方式以正式的文件形式体现出来，而这类文件恰恰构成了我国区域经济软法调控的体系。这种体系的特征有以下几方面。

1. 中央政府出台指导意见类的软法来对特定区域经济进行调控

在我国区域经济蓬勃发展的今天，由于长三角、珠三角、黄河三角

---

① 罗豪才，等. 软法与公共治理 [M]. 北京：北京大学出版社，2006：88.
② 罗豪才，等. 软法与公共治理 [M]. 北京：北京大学出版社，2006：88.

洲经济区等地的经济迅猛发展，因此必须突破现有硬法的规定来指导特定区域经济的发展，为此中央政府在2008年出台了《国务院关于进一步推进长江三角洲地区改革开放和经济社会发展的指导意见》《珠江三角洲地区改革发展规划纲要》等，有力地推动了区域经济的发展。以长三角为例，定期协商机制是这一经济区域法制协调的重要制度，"它以区域内各行政首长间的磋商和对话为主要表现形式，主要包括长三角城市的市长联席会议、经协委办主任联席会议和职能部门行政首长联席会议"①。另外，长三角地区法制协调机制还包括沟通制度。"沟通制度是指各地区国家机关之间互通信息，各成员方基于经济一体化的共同目的，自觉、积极地实现联动或采取一致措施的法律协调机制。"② 这一机制的典型实例，是对房地产价格的平抑。也有学者提出了"建立长三角区域统一的立法机构"的设想，并将此类立法机构定名为"立法协作会"，由长三角各省、市的人大负责人、人大代表和政府代表组成，共同制定长三角地方法制建设战略框架。③

2. 中央政府与港澳特区政府的行政协议

2003年，中央政府与香港、澳门特区政府先后签署了《内地与香港关于建立更紧密经贸关系的安排》《内地与澳门关于建立更紧密经贸关系的安排》以及七个补充协议。这些协议内容包括货物贸易、服务贸易和贸易便利化三方面。这些行政协议的签订，加强了港澳与内地的联系，也促进了该区域经济的发展。此外，粤港澳三地或珠三角本身之间也签

---

① 王春业. 长三角经济一体化的法制协调新模式 [J]. 石家庄经济学院学报，2007（6）：82.
② 叶必丰. 长三角经济一体化背景下的法制协调 [J]. 上海交通大学学报（哲学社会科学版），2004（6）：5-13.
③ 宣文俊. 关于长江三角洲地区经济发展中的法律问题思考 [J]. 社会科学，2005（1）65.

订了合作协议来推动区域经济的发展，特别是泛珠三角"9+2"政府职能部门之间签订的行政协议，如知识产权主管部门签订的《泛珠三角区域知识产权合作协议》；2005年9月9日省区妇联和港澳妇女组织签订《泛珠三角区域妇女发展合作框架协议》；2010年粤港政府签订《粤港合作框架协议》；2004年广东省科技厅与澳门科技委员会签署《粤澳科技合作协议》；2004年香港律政司与深圳市司法局签署《香港深圳法律服务合作协议书》等。此类软法调控对于泛珠三角区域经济的发展起着协调和推动作用。

3. 地方政府之间为加强经济合作签订行政协议或框架协议

为使这一工作规范化、制度化、合法化，湖南省政府2008年制定的《湖南省行政程序规定》第十五条规定：各级人民政府之间为促进经济社会发展，有效实施行政管理，可以按照合法、平等、互利的原则开展跨行政区域的合作。区域合作可以采取签订合作协议、建立行政首长联席会议制度、成立专项工作小组、推进区域经济一体化等方式进行，上级人民政府应当加强对下级人民政府之间区域合作的组织、指导、协调和监督。此规定推动了省内经济区域的合作。上海、江苏及浙江三地政府为落实中央政府相关意见，在协商的基础上制定了《沪苏浙共同推进长三角创新体系建设协议书》，该协议第九条规定：加强长三角创新体系建设的组织协调。在科技部指导下，建立长三角创新体系建设的联席会议制度，下设办公室，负责长三角创新体系建设有关重大问题的组织协调，每年召开一至两次联席会议，研究决定有关重大事项。两省一市科技行政管理部门确定相关处室负责落实联席会议确定的具体任务，并设立相应的专项资金，引导、推动长三角创新体系建设。为加快经济发展，提升经济发展水平，广州市与佛山市政府签订了《广州市、佛山市同城化建设合作框架协议》，该协议的第六条第五款规定，研究建立两市经济利益分配协调机制，探索和推进有利于同城化的财税分配规则体系，形成合作共赢、共同发展的局面。

4. 行政级别相同的中央政府部门与地方政府之间开展区域性行政合作协议

为积极推进区域经济的快速发展，中央政府各部委实施"走出去合作"方式，开始探索与地方政府在其领域范围内的合作模式，从而更加促进了区域经济的协调发展。如《泛珠三角区域水利发展协作倡议书》是水利部珠江委员会与泛珠三角各省的水利主管部门签订的，为泛珠三角地区经济发展和环境保护提供了依据，进一步激发了泛珠三角地区经济的活力；此外，铁道部与东北三省的四个省部级单位签订了《合作建设哈尔滨——大连铁路客运专线协议》，从构建交通大动脉上把东北三省的经济合作推向新的发展阶段，必将加速东北经济圈区域内的物流、资金流和技术流，提升该区域经济的发展水平；环境保护部（现生态环境部）与湖北省人民政府在武汉签署了《共同推进武汉城市圈"两型"社会建设合作协议》，使武汉经济圈在经济发展的同时保护了环境，为未来区域内经济的发展创造了良好的发展空间。这些新型的合作模式，体现了中央各部门与地方政府之间对区域经济发展的重视，也使区域经济调控有了软法的依据。

5. 各经济区域内政府及其职能部门、社会组织之间签订的合作协议、框架协议等

比如：2005年7月泛珠三角"9+2"政府知识产权主管部门签订的《泛珠三角区域知识产权合作协议》；2005年9月九省区妇联和港澳妇女组织签订《泛珠三角区域妇女发展合作框架协议》；2010年粤港政府签订《粤港合作框架协议》；2004年广东省科技厅与澳门科技委员会签署《粤澳科技合作协议》；2004年香港律政司与深圳市司法局签署《香港深

圳法律服务合作协议书》。2006年11月,武汉城市圈内九城市签订的《武汉城市圈政府法制合作框架协议》,构建了以建立圈内各城市政策措施定期清理制度,政策制定的磋商、协调、联动机制,行政执法协调合作机制,重大疑难行政复议、行政诉讼应诉和仲裁案件通报制度,政府法制工作文件交换和信息互通制度等。

值得一提的是,湖南省人民政府于2008年4月9日通过了一部地方规章《湖南省行政程序规定》,其中第十五条规定:各级人民政府之间为促进经济社会发展,有效实施行政管理,可以按照合法、平等、互利的原则开展跨行政区域的合作。区域合作可以采取签订合作协议、建立行政首长联席会议制度、成立专项工作小组、推进区域经济一体化等方式进行,上级人民政府应当加强对下级人民政府之间区域合作的组织、指导、协调和监督。这是目前唯一一部认可经济区域内政府间合作形式、途径等的地方规章。2009年7月31日,湖北省第十一届人大常委会第十一次会议通过了一部地方性法规《武汉城市圈资源节约型和环境友好型社会建设综合配套改革试验促进条例》,内容包括立法目的、依据、适用范围、价值目标、基本原则、重点改革领域和激励保障等。这部地方法规主要采用激励保障手段而非惩罚措施来引导行为主体的行为选择。这样一部地方法规不仅效力层次更高,针对性也更强。

以长三角地区为例,定期协商机制是这一经济区域法制协调的重要制度,"它以区域内各行政首长间的磋商和对话为主要表现形式,主要包括长三角市的市长联席会议、经协委办主任联席会议和职能部门行政首长联席会议"。[①] 另外,长三角地区法制协调机制还包括沟通制度。"沟通制度是指各地区国家机关之间互通信息,各成员方基于经济一体化的

---

① 王春业. 长三角经济一体化的法制协调新模式 [J]. 石家庄经济学院学报, 2007 (6): 82.

共同目的,自觉、积极地实现联动或采取一致措施的法律协调机制。"①这一机制的典型实例,是对房地产价格的平抑。也有学者提出了"建立长三角区域统一的立法机构"的设想,并将此类立法机构定名为"立法协作会",由长三角各省、市的人大负责人、人大代表和政府代表组成,共同制定长三角地方法制建设战略框架。

二、区域经济软法调控机制的不足与构建

区域经济能够在今后快速发展、稳步发展,重要的一点就是区域经济的硬法调控即中央国家机关及区域内国家机关称之为硬法层面的立法、执法与司法应当逐步加强。硬法对软法具有指导性、基础性,软法是为执行硬法而由实施主体根据具体情况制定的。因此,区域经济调控的法治化需要建立以中央国家立法机关、行政机关为主体,区域内立法机关、行政机关以及社会公权力主体为辅的立法模式。然而,即便软法不如硬法那样具有强制性,在硬法的指导下处于一种辅助性的地位,区域经济的发展也仍然需要软法充实其调控机制,作为其调控机制构建的骨干。正如上文所述的那样,这么多年来我国区域经济在缺乏硬法调控的背景下依然可以蓬勃发展,主要原因之一就是软法调控起到了重要的作用,而且今后区域经济的发展增强了硬法调控机制之后,软法调控机制的构建依旧不可忽视和降低水准。

(一) 软法调控的不足

软法调控的出现,基于"利益主体多样化、利益诉求多元化、满足利益诉讼方式的多样化等,都意味着需要多样化的法规表达机制,而不

---

① 叶必丰.长三角经济一体化背景下的法制协调[J].上海交通大学学报(哲学社会科学版),2004(6):5-13.

能只通过国家创制硬法来表达"①,软法调控所体现出来的民主性,不仅把利益相关方纳入了规则的制定过程,而且还为他们提供了参与实施和执行的过程,符合了各方的利益,在一定程度上,软法调控弥补了国家硬法调控的不足,增强了区域经济协调发展的可行性。但是,作为一种调控方式,软法在区域经济协调发展中也存在一定的问题不能不引起重视。

1. 超然权威型的软法调控机关的缺位易于使软法沦为利益相关方的一种盟约。无论是东盟、拉美,还是欧盟中的经济一体化过程所形成的条约,抑或是当下我国各区域经济调控中的软法,都是缔约方以自身利益为中心价值为取向,从而导致缔约方违背区域性行政协议。究其原因,主要是缺乏一个超然的且具有权威性的软法调控机关。实践中,我国在十年前相关部门对此做出过努力,如建立行政首长联席会议制度、领导小组会议、城市论坛等,又或是建立独立的管理机构,如江阴市与靖江市签署的《关于建立江阴经济开发区靖江园区的协议》,成立了园区管理委员会,该委员会直接向江苏省在该园区设置的派出机构负责。这些形式,有的仅行使协调功能,有的于实践中被架空,都无法保证执行机关的超然权威性,从而使软法调控协议无法得以切实履行。

2. 责任追究机制的不足使软法调控面对违约行为时凸显约束困境。从已有的经验来看,软法调控的实现主要基于受控方的积极配合与主动履行协议,如果不能这样,软法只有借助舆论压力或共同体的排斥两种方式来实现调控。但是,如果仔细考虑下这两种方式的实际效果,便不容乐观。软法受控方既然决定违约,他必然是对这些因素有利或不利影响均进行过利益衡量,所以既然决定违约,他又何惧舆论的压力呢?至

---

① 罗豪才,宋功德. 软法亦法——公共治理呼唤软法之治 [M]. 北京:法律出版社, 2009:381.

于共同体的排斥，违约的受控方与其他受控方的利益是相关的。一方利益受损，他方的利益同样受损，所以在其他共同体对违约受控方进行排斥时也不得不考虑自身将要受损的利益。当然，还有的可依据合同法中的违约责任来追究，但是在我国，要想使区域行政协议之类的软法得到司法救济，不仅没有法律依据，而且其本身也面临一定的困境，如谁去追究责任、适用何种程序来追究、追究何种责任等，都没有法定的依据。因而软法调控在面临违约行为的受控方时，会出现无助的场面。

3. 软法调控协议效力及其位阶均影响了其作用的发挥。有学者在对我国已有的 80 个区域性行政协议进行统计时，发现其中有 20 个协议明确约定了生效时间条款，就连生效时间未做规定的协议规则也达到了 50 个之多。[1] 在执行该类软法时，有的地方无法确定协议效力优先还是辖区规范优先。如果是区域性行政协议优先，却无任何法律依据；如果是辖区规范优先，则会将区域性行政协议搁置不理，从而影响了其效力的发挥。此外，行政协议的合法性、内容等均存在不少问题。以《粤港合作框架协议》为例，其中就规定了金融合作事项，而从立法法来看，这是属于法律保留事项，但它没有经过全国人大进行专门立法，也就是说，该协议绕开了国家立法机关而以软法的形式获得了自己的权益。因此行政协议合法性受到了挑战。

(二) 软法调控机制构建

从软法调控存在的问题来看，既有软法机制本身的原因，也有软法受控主体的原因，还有软法在与硬法的衔接不足的原因。因此，从完善软法调控区域经济协调发展方面来看，我们可以从以下三方面入手：一是对软法中已成熟的机制要及时制定硬法，使之得到国家层面的保障。

---

[1] 何渊. 区域性行政协议研究 [M]. 北京：法律出版社，2009：79.

区域性行政协议或各种宣言的出现,既体现了利益各方发展区域经济的迫切要求,又反映了硬法层面的不足,所以对于制定时机成熟的软法要及时将其进行转化;二是进一步完善软法调控中的责任实现机制。这是目前软法疲软的真正原因。要让软法带"牙齿",让违约者受到应有的惩罚。当然,这类受罚主要是经济类的责任,而不是行政类或刑事类的责任。三是制定专门的行政协议法,加强软法与硬法的链接。在执行行政协议类软法所遇到的种种问题,其根源在于此类软法没有得到国家层面硬法的支撑,如果制定了专门的行政协议法,将区域性行政协议可能面临的问题全部规定进去,那么通过软法来调控区域经济协调发展必将获得更大的空间。

三、区域经济软硬法调控中的法律责任

政策、指令之所以没有普遍约束力,就在于其没有法律责任的保障。政策法治化的最大意义在于法律为其设定了义务和法律责任。区域经济调控行为的法律责任,是实现区域经济调控目的的必由之路。规范性立法文件,不管是法律、法规还是规章,如果没有设定相关主体的法律责任,那么它也就失去了实际的约束力和执行力,充其量只是一种宣言书。可见,没有法律责任,就等于没有法律。

区域经济调控行为的法律责任是指区域经济调控机关在实施调控过程中由于违反区域经济调控法规定的程序和义务而引起的不良后果。区域经济调控政策影响到广大社会主体的利益。一旦调控权行使不当,后果将不堪设想。对调控行为设立法律责任,也是区域经济调控法治化的必然要求。

区域经济调控行为的法律责任要如何认定、如何追究以及采取什么样的责任形式,这是区域经济调控研究的一个难点问题。法律责任的认

定，是指应当采取何种归责原则来确定区域调控主体需要负法律责任。如何追究其法律责任，是指受控主体通过何种程序和途径来追究调控主体违法行使职权的责任，通常包括行政复议和行政诉讼。采取何种责任形式，是指调控主体最终要接受什么样的制裁方式或者调控机关要付出何种代价来确保其责任的最终落实。

（一）区域经济调控法律责任的归责原则

归责原则是法律责任的构成要件之一。"归责是一个复杂的责任判断过程，它是特定法律制度的价值取向的体现，一方面指导着法律责任的立法；另一方面指导着法律实施中对责任的认定与归结。"[1] 区域经济调控行为的法律责任的归责原则是基于一定的归责事由而确定调控主体是否承担法律责任的原则，这也是理论上需要研究的一个重点问题。

归责原则所要解决的核心问题是责任依据问题，即凭什么要求调控主体负责。我国当前的法律中存在着多种归责原则，包括过错原则、无过错原则和公平责任原则。区域经济调控法律关系不同于民事法律关系，不能简单套用上述归责原则，而是要根据经济调控的特殊性来确定合理的归责原则。

那么区域经济调控行为的法律责任如何规定呢？笔者以为，一方面要分清区域经济调控行为的多重性；另一方面要分清区域经济调控中的调控主体与受控主体的责任。只有这样才能正确地对区域经济调控法律责任做出恰当的规定。本书认为，区域经济调控行为如果是行使职权行为并具有强制性，那么可以套用国家赔偿法中的违法归责原则，这样更为合理。如果区域经济调控行为属于行政指导并不具有强制性，那么，如果对受控主体造成损害的话，则应采用无过错责任原则，就像民法中

---

[1] 戴敏. 宏观调控行为法律责任的认定与归结初探 [J]. 湘潭大学学报（哲学社会科学版），2005（S1）：153.

的规定一样，行为主体在主观方面并无过错，但其行为导致了其不愿看到的后果，这就适用无过错责任原则。当区域经济调控内各相应区域之间的行为造成损害时，对于区域内平等主体的责任应适用公平责任，以体现权责一致的原则。此外，调控主体的法律责任与受控主体的法律责任也是不一样的，前者适用无过错责任原则。后者适用过错责任原则，因为前者是职权行为，而后者是执行前者的指令，只有受控主体在执行过程中有过错时，才能让其承担与过错相当的法律责任。

（二）区域经济调控法律责任的追究途径

按照我国现有的法律制度，追究国家机关职权行为的法律责任途径主要包括行政复议、行政诉讼和要求国家赔偿。从表现形式看，经济调控行为（不管是区域经济调控行为还是宏观经济调控行为），也是国家机关行使职权的行为。那么，受控主体可否采取复议、诉讼和国家赔偿这三种途径来追究经济调控行为的法律责任呢？

许多人认为，既然经济调控行为不同于民事行为和行政管理行为，那么在追究经济调控行为法律责任的途径上也应当与民事责任和行政责任的追究途径划清界限，不应当采取复议或者诉讼这些传统途径，而应当设立区域经济调控法特有的体现经济法特征的责任追究机制。而事实上，所谓特有的责任追究机制一直都没有建立起来，更重要的是，属于经济法部门的一些法律文件，规定了追究国家机关法律责任的途径主要包括行政复议或者行政诉讼。以《中华人民共和国反垄断法》为例，该法作为经济法的重要组成部分，不仅没有建立特有的责任追究途径，而且直接参用了行政法和行政诉讼法上的责任追究途径，规定了经营者可以对反垄断执法机关的行为申请复议或者提起行政诉讼。

经济调控职能和行政管理职能在性质和目的上存在着根本的差异，这是二者在职权内容和职能本质上的不同。但是在内容和本质上的不同，并不意味着二者在表现形式和责任追究途径上也要截然不同。经济调控行为也是一种国家机关行使职权的行为，也会对相对人的利益产生影响，尤其是不合法的经济调控行为也会造成受控主体的损失。如果符合条件，应当允许受控主体通过复议、诉讼或者国家赔偿的途径来追究责任。以国家赔偿为例，国家赔偿是指对违法行使职权导致的相对人的损失进行赔偿。只要是违法行使职权导致损失的就要赔偿，并不是说只有行使行政管理职能导致损失时才能赔偿而行使其他性质的职权导致损失时不得要求赔偿。经济调控也是一种行使职权的行为，一旦违法行使导致损害的，也应当赔偿。

对于区域经济调控的法律责任能否通过复议、诉讼和国家赔偿三种途径，我们不能笼统地得出结论，而只能具体问题具体分析。区域经济调控行为主要包括立法行为和非立法行为。非立法行为又包括区域经济调控决策行为和执行行为。我们可以分类来加以论述。

1. 经济调控立法行为的责任追究

对于行政行为，相对人有复议和行政诉讼的救济程序，也可以要求行政赔偿；对于司法行为，受害的主体享有国家赔偿法赋予的赔偿请求权。而唯独对于立法行为（包括区域经济调控的立法），我国还没有制定相应的法律来赋予受控主体相应的救济途径。经济调控立法行为，包括人大及其常委会的立法和享有行政立法权政府的立法。依据我国现行法律的规定，这些立法行为一直排除在复议、诉讼和国家赔偿的范围之外。

在现行的法律制度下，受控主体对立法行为不得复议，不得提起诉讼，也不得申请立法赔偿。立法赔偿，在理论上是指国家对立法机关行使职权的行为所造成损害的赔偿。从世界范围来看，建立立法赔偿制度的国家并不多，只有在法、德等少数赔偿制度较为发达的国家才承认立法赔偿问题，多数国家规定立法机关不负国家赔偿责任。虽然我国的行政复议法规定，相对人申请复议时，复议机关认为行政行为所依据的立法文件不合法的，可以将这一立法文件提交有权机关审查。但是这种审查，并不是相对人申请复议时所能行使的权利，所以不属于调控行为法律责任的追究途径。

笔者认为，立法是制定针对不特定的人实施的规范性文件的行为，考虑到这种抽象性，立法行为不应当纳入复议和诉讼的范围。另外，我国也没有必要建立立法赔偿制度，因为随着立法文件进入执行环节中，立法行为就演变为执法机关的行为，相对人只要以执行机关为对方当事人，对具体的执行行为申请复议或者诉讼即可，无须对立法文件进行复议或者诉讼。而对于立法文件的合法性或者效力，可以通过立法监督的程序来进行审查。

2. 区域经济调控决策行为

所谓区域经济调控决策行为是指调控主体以非立法的形式做出区域经济调控的各项政策，并向受控主体公布的行为。这些决策行为主要包括立法机关审查、批准经济计划和财政预算的行为，政府制定经济调控政策的行为以及其他的制定针对不特定的受控主体实施的调控政策行为。经济调控的决策行为和立法行为一样均属于抽象行为，由于立法机关的职权行为不负国家责任，因而不能提起行政诉讼和行政复议，从而使立法机关的决策行为不需要负国家赔偿责任。行政机关的决策行为，大多数情况下属于抽象行政行为，也难以提起行政诉讼、申请行政复议和要求国家赔偿。根据行政复议法第二十六条规定，行政相对人在申请复议时，可以要求复议机关对行政规定进行审查，但不能直接针对行政规定来申请复议。行政规定，体现为行政机关的政策、决定、指令、规划等非法律形式，既有强行性规定、也有任意性规定，两者均可通过立法上升为强行性规范和任意性规范。对于调控主体依据任意性规范实施的指导性行为和促进性行为,由于对受控主体的权利无实质性影响,因而不应纳入复议和诉讼的范围;但是强行性调控政策实施后,因执行行为造成的损失受控主体可以以执行机关为对方当事人,通过行政复议或行政诉讼的形式追究调控主体的法律责任。

3. 区域经济调控执行行为

经济调控政策在经历了决策环节或者立法环节之后,就进入了执行阶段。区域经济调控政策通常是由各级行政机关按照决策文件或者立法文件的规定来执行。如果说决策行为和立法行为具有较强的抽象性,那么执行行为就是直接针对受控主体而实施,直接对受控主体的权利产生了实际的影响,因为调控政策的目标和价值最终是通过微观经济主体来实现的。所以,执行行为的具体性特征逐渐显现出来。

在实际中,行政机关为了规避相对人的权利救济程序,通常发布表面上看似针对不特定的相对人的各种规定,以实施抽象性行政行为的形式来对抗复议或者行政诉讼程序。在区域经济调控过程中,行政机关为调控经济运行而做出何种规定的现象会更加普遍。事实上,这些抽象性的行政规定并不是复议或者行政诉讼的障碍,因为任何行政规定都需要执行,制定行政规定这一抽象性行为最终是通过执行行为这种具体性行政行为来实现的。相对人申请复议或者提起行政诉讼,并不是针对行政机关制定抽象性规定的行为,而是以具体的行政行为作为对象。另外,根据我国行政复议法第二十六条规定,相对人在申请复议时可以一并提出对行政规定的审查要求。而执行调控政策的行为,一旦违反法定程序、侵害受控主体的合法权益,受控主体也可以在确认执行行为违法之后,申请行政赔偿。

(三) 区域经济调控责任的形式

众所周知,违反法定义务,就需要承担不利后果,这种不利后果就包括法律责任和法律制裁。而责任形式,是指责任承担主体所要接受的法律制裁形式。如果区域经济调控机关及其工作人员违反区域经济调控法规定的各项义务,就必须承担相应的法律责任,其责任形式就体现为调控职权受到某种限制,或者调控机关必须对受控主体的损失给予赔偿。所以调控主体的责任形式通常可以分为财产性责任形式和非财产性责任形式。

受控主体的责任形式也可以分为财产性和非财产性,财产性责任形式包括罚款等处罚措施,而非财产性责任形式包括吊销执照等处罚措施。但是这种责任形式和调控主体的责任形式截然不同。调控主体的财产性责任形式,主要包括减免受控主体原来应当缴纳的利润和税收,对受控主体的损失进行一定的赔偿等补救措施;而非财产性责任形式主要是指对调控主体的经济调控资格和权利进行限制、纠正、调整、甚至是剥夺,如调整原先制定的经济计划,纠正或者撤销不合理的经济调控政策,对调控职能部门进行机构和人员调整,对调控机关的责任人员处以警告、记过、降级、撤职等行政处分。

第五章

我国区域经济调控法治化微观分析

在前文中，笔者阐述了区域经济调控中的软硬法调控基本理论和基本模式，但是对于具体操作中如何实现两种调控模式的最佳组合还没有深入探讨，本节主要从微观层面对实现我国区域经济调控法治化进行分析。我们知道，区域经济调控的具体法律制度有很多种，如区域经济计划和规划法律制度、区域产业结构调整法律制度、区域财政调控法律制度、区域税收调控法律制度、区域投资开发法律制度、区域关系协调制度、区域经济行业调控法律制度、区域经济合作与扶助法律制度、区域金融调控法律制度等。但是，作为区域经济调控法治化最为重要的制度可简化为区域产业结构调整法律制度以及区域投资开发法律制度、区域经济合作与扶助法律制度，因为其他相关法律制度均可包含在这三大法律制度之中。由此，本章重点从软硬法层面对这三大法律制度进行研究。

第一节　区域产业结构调整法治化

无论是古典经济增长理论还是新古典经济增长理论都认为产业结构不会影响区域经济的发展，在这些理论中均存在一种竞争均衡的假设，即把全社会的竞争视为一种可以长期维持市场的供需均衡。因此，不管是生产者还是消费者，社会所有部门的生产要素收益率都等于要素的边际生产率，也就是说，社会的资源配置自然而然会实现"帕累托最优"。由此推断，劳动与资本的流动和转移都不可能增加总产出，即不存在结构效应。在计划经济时期，由于国家一切资源是由政府来宏观调控的，人们看不到产业结构变化带来的效应，因此对区域经济产业结构调整的法治化问题要求并不迫切，只有在市场经济条件下，区域经济产业结构调整能否实现法治化，才关系着区域经济能否健康持续发展。本节首先分析当前区域产业结构调整中的一些问题，然后再提出软硬法的调控思路。

（一）当前区域产业结构调整存在的主要问题

中国产业发展和产业结构调整历程是伴随着30多年的改革开放而不断演变的：东部成为产业投资政策扶持的重点区域，中西部地区则成为劳动密集型区域；随着市场机制发展和产业政策调整，我国形成了长三角、珠三角、环渤海经济圈三大产业和城市集聚区域，搭起了中国区域产业结构的空间框架。各个经济区域根据国家相关的产业政策框架，制定出符合本区域的产业状况和实施各项区域产业政策，并将其写入本区域制定的经济发展计划，例如，广东省和江苏省的"十一五"规划，对于本省的产业结构政策做了具体的规定，将产业结构调整和产业优化升级作为本省经济调控的重点任务。此外还出台了针对本区域特点的单行产业政策，如湖北省于2006年颁布的《湖北省高新技术产业发展"十一五"规划》、江苏省于2007年编制的《江苏省"十一五"高新技术产业发展专项规划》，指出高新技术产业发展中存在的问题，并提出推进三大高新技术产业带的快速发展，要培育十大高新技术产业化示范工程；要素和产业的流动所带来的集聚规模经济效应推动了沿海乃至全国的经济增长，提升了我国产业国际竞争力。但持续的要素和产业集中也反映出区域产业结构政策所带来的不容忽视的问题，具体如下。

1. 区域经济调控分权不明、区域产业政策指导思想不清导致区域产业政策难以彻底执行。我国从20世纪80年代实施产业政策以来，中央与地方在区域产业政策调控上没有明确的划分，从中央调控主体来看，其主要针对宏观经济调控，对具体的区域产业结构及地区化差异没有明显的规划，这就形成中央与地方在对区域经济调权上定位不明，因而形成了不同经济区域之间的产业同构现象，也就阻碍了商品和生产要素在各地区的流通和优化配置，影响了区域产业结构的调整和优化。此外，在各区域经济内自行的产业政策思想指导下，不同经济区域追求发展目标也不同，显而易见的是，各区域经济内不重视产业结构的优化和升级，不重视产业经济的发展质量。以东部地区为例，该地区的制造业可以说是我国区域经济发展中的一段佳话，制造业的发展，特别是出口加工工业的膨胀，成就了东部经济的繁荣。然而，在金融危机之下，众多外向型企业纷纷倒闭。制造业多数是劳动密集型产业，主要依靠劳动力的大量使用，对技术的依赖程度低。而东部地区现有的技术密集型产业，多数没有自己的知识产权。金融危机的发生，给了东部地区深刻的教训，产业结构调整的重担也再次落在了东部各地区政府的肩上。这种经验与教训尤为深刻，值得各经济区域重视。

2. 区域产业发展所聚集的资源与要素不平衡制约了区域经济的良性发展。从传统的三大经济区来看，国家区域产业政策的导向使三大经济区的资源与要素分配极不均衡，东部经济区的经济活动分布过密、中部地区经济活动分布过疏、西部地区经济活动分布不足。这种产业不均衡带来的后果是，珠三角和长三角地区资源和环境压力日益突出，资源与要素体现为集聚不经济；油荒、电荒、地荒、民工荒等问题预示了东部地区应适时进行产业升级，逐步撤让和转移衰退产业。而且，产业结构不合理造成了东部地区加工制造能力与资源、能源产业过度集中，中西部地区就业岗位与劳动力所在地之间的脱节，加剧了交通运输紧张状况以及资源和能源供需矛盾，使广大中西部地区难以更多地分享工业化推进的利益。

3. 区域内利益部门化扭曲了国家对区域产业结构的调控。从我国几大区域经济体来看，无论是长三角、珠三角，还是环渤海湾经济圈、长株潭经济圈，要么跨省、要么跨市，各种复杂利益纠缠，而国家产业结构调控政策的宏观性决定了其超越部门利益的攸关性，因而也无法对处于中观经济调控之下的部门利益进行正确调控，这样就难以确保区域产业结构政策的科学性与协调性。地方政府在执行和规划本地区产业结构时大多会从本地区利益出发，力求制定出来的区域产业政策符合本地区的利益，也就导致现今区域内产业结构和区域经济发展模式趋同化。以广东省与江苏省"十一五"高技术产业发展规划为例，两者在发展重点上大同小异，如广东省的规划中产业发展重点是五项，即电子信息产业、生物产业、新材料产业、高技术服务业和新能源产业，江苏省的规划中产业发展重点是推进三大高新技术产业带的快速发展，培育十大高新技术产业化示范工程。其三大高新技术产业带指电子信息产业带、生物技术产业带、新材料产业带；十大高新技术产业化示范工程指网络与通信产业化示范工程、媒体产品产业化示范工程、集成电路设计与制造产业化示范工程、软件产业示范工程、生物技术产业化示范工程、中药现代化及天然药物产业化示范工程、新材料产业化示范工程、新能源产业化示范工程、先进制造业产业化示范工程与环保及资源综合利用产业示范工程。在对两者进行比较后发现，广东省的五项具体内容与江苏省的三大产业和十大工程的具体内容大同小异。那么在这种规划主导下的产业结构无疑会出现重复建设、重复发展，从而影响区域经济的发展。

4. 区域产业结构政策调控的人治化严重影响了区域经济的产业结构调整法治化。我国区域产业结构政策不乏人治的影子。以东部、中部和西部三大经济区为比较对象，从产业结构的时间演进来看，在改革开放前的产业结构是以第一产业所占比重稳步下降、第二产业快速发展和第三产业缓慢下降、比重偏低为特征；改革开放后则体现为产业结构的扩展阶段（20世纪70年代末至90年代中期）和产业结构的优化阶段（20世纪90年代中期至今），在这一阶段，第一产业比重是先升后降，第二产业是持续下降，第三产业则迅速上升。如下表所示。

表 5-1 我国不同时期三大经济区域产业结构变化对比表

地区	1952年 第一产业	1952年 第二产业	1952年 第三产业	1985年 第一产业	1985年 第二产业	1985年 第三产业	1992年 第一产业	1992年 第二产业	1992年 第三产业
东部	46.8	27.9	25.3	25.1	50.5	24.4	18.5	47.4	34.1
中部	61.6	18.3	20.1	34.4	42.8	22.9	26.6	42.3	31.1
西部	65.5	15.7	18.8	35.7	40.6	23.7	28.6	37.6	33.8

从我国区域产业结构的空间演进来看，改革开放前是从沿海向内地转移，因为毛泽东同志在《论十大关系》中指出了要兼顾沿海老工业基

地发展的同时,对内地进行重点建设,使沿海与内地同时发展。改革开放后则从内地向沿海转移,此时邓小平同志提出要允许一部分地区、一部分企业、一部分人先富起来,使国民经济波浪式向前发展,实现先富带动后富。相应地,国家的产业政策也就从改革开放前的平衡区域产业政策向改革开放初期的倾斜区域产业政策转变,再由改革开放初期的倾斜区域产业政策向现今的协调性区域产业政策转变。

由此可见,我国区域经济的产业结构调控一直是受国家不同时期国民经济发展规划的影响,它更多的是增加了人为因素,因此区域的产业政策从未被纳入法治化的轨道,而仅具有原则性和指导性的产业政策也缺乏强制执行力和责任追究,因此并不能保证产业结构调控目标的实现。只有把区域产业结构调控纳入软硬法的调控,才能真正发挥其作用。

(二) 硬法层面区域产业结构调整的法治化

1. 区域产业结构调整的立法宗旨

为了促进产业结构合理与优化,实现一定时期的经济发展目标,区域产业结构调整必须要依赖立法保障,其目的有二:一是通过法律制度,将经济资源引向效益较高、具有发展前景的产业,微观经济主体在追求利益最大化的同时,能够调整其经济行为,改进技术,选择有前途的产业。"区域内各地区具有的潜在各种呈离散状态的优势诸如产业优势、资源优势、能源优势、技术优势、港口优势等,必须进行整合才能转化成现实的竞争力和生产力,仅仅依托市场机制的力量是不够的,还需要依托产业政策的力量,并将重要的产业政策上升为法律,保障整个区域内的产业梯度合理转移,实现产业分工的合理化和科学化"。[1] 二是为克服区域产业政策固有的缺陷,使之具有稳定性和强制性,必须通过立法手

---

[1] 徐孟洲. 论区域经济法的理论基础与制度构建 [J]. 政治与法律, 2007 (4): 8.

段来确保产业政策这种软法调控的效果,真正实现软硬法的互补,从而更加有效地对区域产业结构进行调整,达到促进区域经济通过法律的这种规制作用,区域产业结构逐渐优化,并促进区域经济持续、快速、健康地发展。在这方面,可以借鉴日本、韩国为扶持某些产业的发展而制定《振兴条例》《振兴法》的做法,制定《区域主导产业的发展法》,从法律上加以扶持和规范。

2. 区域产业结构调整法的基本特征

作为区域经济调控硬法的组成部分,区域产业结构调整法要体现区域经济调控的本质属性,而由于其调整对象与调控范围的特殊性,区域产业结构调整法在规范和保障区域产业结构调整的过程中体现了其自身的特征。

(1) 调整范围的专属性。区域产业结构调整法是专门依据区域经济内部的产业特色而制定的,它必须以特定区域作为其调整的空间范围,以区域内产业布局作为其调整的对象范围,因而它不同于国家在全局上的产业立法,即它体现为适用本区域产业的发展规划、发展目标和发展方向,与国家产业发展规划具有一致性,又具有与国家产业发展规划不同的特质。

(2) 调控内容的特定性。由于区域产业结构调整法是针对区域产业的发展而制定的法律,因而其主要内容是对特定经济区域内的产业扶持、改造、限制以及转移进行调控。如有的区域产业结构要发展高新技术、电子产业带、生物制药技术,而有的区域产业则以农业规模化、新材料产业、新能源产业为主,所以在这些特定的区域内就会淘汰一部分不符合区域产业结构的产业,以使需要扶持的产业得以做大做强,引领区域经济的发展,因此其调控内容是特定的。从这一点上,它不同于区域财政调控法、区域金融调控法,也就是说区域产业结构调整法有属于其自身的调控内容。

（3）调整产业结构的动态性。一部区域产业结构调整法并不能涵盖区域内的所有产业，它必须是有选择地对区域内产业进行调控。一般来说，只有那些微观经济主体不愿进入的投资周期长、资金投入巨大、收益率较低的产业以及无法判断发展前景但又必须发展的产业是区域产业调整的范围，还有一些是需要政府扶持的涉及公众利益、民生行业的产业，以及能带动和引领区域经济发展的产业，而这些产业又会在不同时期有不同的内容，哪些产业需要扶持、哪些产业需要限制以及哪些产业需要发展都是一个动态的过程，因此区域产业结构立法也就具有动态性，以确保区域产业结构的优化。

3. 区域产业结构调整法的主要内容

区域产业结构调整法的内容非常丰富，从执行区域产业调整实施来分，主要包括区域产业结构调整的实施主体、实施客体；从区域产业结构调整范围来分，包括东部经济区、中部经济区和西部经济区；从区域产业结构调整的制度来分，包括区域产业扶持制度、区域产业限制制度、区域产业改造和产业转移制度。下面对此进行分别论述。

（1）区域产业结构调整的实施主体与客体。在实践中，有多种力量在不同程度上直接或间接参与区域产业政策实施，因而形成了多元化的实施主体：一是主导产业结构调整在该区域内实施的地方政府；二是依据国家授权负责产业结构调整的组织实施及相关事务处理的政策性机构，如各级发展改革委员会；三是受政府或相关机构委托影响产业结构调整的社会团体。三类实施主体中是以地方政府为主要的实施主体，因此区域产业结构调整能否法治化主要是地方政府实施产业结构过程是否具有法律法规依据。

关于区域产业结构调整的实施客体，笔者认为，在市场经济中，各类企业是区域产业政策的实施客体，政府一方面给予企业宏观经济环境的变化方向，指出衰落企业和新兴企业，帮助企业决策；另一方面干预企业竞争秩序，鼓励有效竞争，反对垄断，防止和纠正市场弱点，促进整个区域经济效益的提高。作为市场中对政策嗅觉最灵敏的主体，企业随时都会感觉到产业政策调整带来的机会与压力。随着市场开放和产权制度改革的逐步深入，企业作为市场竞争主体将主动关心区域产业政策的制定实施，按其调控方向及时调整生产经营方向，尽可能地生产经营产业政策鼓励发展的产品，充分利用政府各项优惠措施以取得较好的经济效益。就目前而言，在多种经济成分中，国有企业是最主要的实施客体。

（2）区域产业结构调整法的范围

如前所述我们把国家划分为三大经济区域，因此区域产业结构调整法范围也就限于这三大经济区域。

第一，东部经济区。从该区域产业结构发展情况来看，主要存在以下问题：一是农业现代化建设任务繁重。由于非农产业的高速发展，东部地区农业劳动生产率迅速下降，从而导致东部地区成为粮食短缺地区；二是东部区域内产业结构趋同情况突出，严重影响区域经济的发展。以长三角为例，各城市近十年的产业调整方向十分接近，服装业、纺织业、食品制造业都有不同程度的上升，而黑色金属冶炼及压延加工业、化学纤维制造业、石油加工及炼焦等一些原有结构中占据重要地位的行业，仍在大多数城市作为支柱产业；三是东部地区第二产业比重偏高，第三产业发展总量不足，结构欠优，竞争力不强。

针对以上情形，笔者认为，东部地区产业结构调整应从以下两方面入手：一是积极调整农村产业结构，增强农业活力。坚持按比较优势布局和按市场需求布局两个原则，选择生产规模大、市场需求旺、产业基础强的优势农产品集中布局到资源条件好、集中连片的优势产区，解决农业生产力布局不合理的问题，形成区域化布局、专业化分工、产业化经营的格局；农村产业结构调整重点是大力发展园艺业、畜牧业、水产业，提高技术含量，培育新品种，提高产业化程度；用信息技术激活农业生产，用科技推动农业结构调整，为农业产业化注入新的竞争活力。二是优先发展高技术产业，提高产业竞争力。作为中国经济的核心区域，东部地区新的经济增长点要放在工业结构优化和产业升级上，要以信息化带动工业化，形成以传统优势产业为基础、新兴支柱产业为依托、高新技术产业为龙头的工业体系。长江三角洲要率先成为我国高技术研发和先进制造基地，依托科技实力和区位条件，大力培育具有创新能力的高技术企业群，加快以上海为龙头、苏南浙北为两翼、周边城市为扩展区、基于自主创新的先进制造业体系，吸引海内外创新资源，建设高技术研发和先进制造基地，促进长三角地区由制造向创造转型。珠江三角洲要努力成为高水平的全球高技术产业制造基地，大力发展资金与技术密集型高技术产业，建设一批与区域产业发展密切相关的自主创新平台，不断推动区域产业优化升级和梯度转移，进一步提升高技术研究开发、成果转化和产业化能力，发挥珠三角地区产业配套齐全、制造能力强、外向型经济发达的优势和毗邻港澳的区位便利条件，建设具有较强研发能力的高技术产业制造基地。环渤海地区要进一步成为重要的科技创新和产业化基地，积极推进科技体制改革，促进区域科技创新资源的优化配置，继续提升区域自主创新能力，加强产学研联合，大力开发关键核心技术和产品，着力推进自主创新成果转化和产业化，完善创新创业服务体系，积极培育新兴产业。

第二，中部经济区。与东部经济区不同的是，中部经济区产业基础结构合理，发展潜力巨大，目前正处于产业升级之中。因此，中部经济区域产业结构调整主要在三个方面：一是继续突出农业优势。做大做强农业产业化、农业科技化，以高科技、信息化服务农业，发展现代农业，保持中部地区农业优势地位；二是调整产品结构，合力开发矿产资源。大力发展以农副产品为原料的特色轻加工工业，提高自我积累和自我发展能力，积极扶持高新技术产业，建成若干各具特色的高新技术产业聚集区，如长春的光电设备，武汉的光电信息技术，长株潭城市群电子信息、生物制药、新材料等行业已跨入全国先进行列。三是大力发展旅游与教育产业，提升第三产业在国民经济中的比重。中部地区资源丰富，各类旅游产品众多，从湖南到江西的红色旅游专线已成为全国知名品牌，要大力开发更多旅游线路，提升服务质量，使旅游成为产业结构优化和区域经济发展的重要来源。中部地区教育资源丰富，科研实力雄厚，人才荟萃。以武汉为例，截至2007年年底，武汉的科教实力位居全国第三，拥有各类科研机构687家、高等院校86所、两院院士54名、在校大学生120万名，在全国处于领先地位。因此要把教育产业做强，为区域产业转型和区域经济发展提供智力支持。

第三，西部经济区。由于历史与地理位置的原因，西部经济区的产业结构存在不少问题，主要体现在以下三方面：一是产业结构演变缓慢。与东部、中部经济区相比，西部地区的第一产业比重很高，大量的劳动力滞留在农村和第一产业，不仅制约农业劳动生产率的提高，还会限制农村收入水平和农村市场的稳步增长，最终破坏工业生产持续增长和实现结构调整的愿景。第二产业发展速度缓慢，在GDP中所占份额较小，吸收劳动就业能力不强，既没有发挥对第一产业的大力促进作用，又不能体现出对第三产业发展的支撑功能。第三产业中的交通、金融、保险和信息咨询服务业等生产性服务行业的发展严重滞后，不仅制约了工农业生产率的增长，还影响了西部以国有企业改革为核心的市场化改革的顺利推进；二是重工业的超前发展制约了其他产业的发展。以 1999 年为例，西部重工业系数除云南省（46.15%）低于全国平均水平（55.15%）之外，其余的 11 个省（市、区）重工业系数均高于全国平均水平。重工业的高强度发展，既对西部地区资源造成掠夺性开发，还给当地生态环境造成严重破坏。三是西部经济区的产业结构演变的区际差异明显。西部省份内，由于各自的经济基础及产业结构的不同，其内部产业布局也存在区际差异。西部的四川省、陕西省、重庆市、内蒙古自治区的经济基础较好，科技力量较强，产业结构及其演变较快，目前正处在由工业化中期向工业化后期过渡阶段；而青海省、甘肃省、广西壮族自治区、贵州省、云南省、西藏自治区等由于地理位置相对偏远，经济发展水平低，产业结构分散。

针对西部经济区特有情况，该区域的产业结构调整应体现自身的特点，可以从以下两方面入手：一是狠抓特色农业，把潜伏优势转化为现实竞争优势。西部地区兼有亚热带、暖热带、温带、寒带等气候类型，地形有山地、高原、丘陵、盆地等，最适宜农、林、牧、渔业的开发，这都是西部地区独有的潜在优势，是其他地区不可复制的。因此要大力发展特色农业、特色畜牧业和农产品加工业，坚持以市场化为导向，引领农产品走向国内与国际市场；以专业化为导向，形成若干不同种类农产品开发的农业体系；以规模化为导向，实现农产品的规模发展，打造地方特色带动一方经济，形成独具特色的优质农产品驱动中心。二是主抓工业化建设，改善现有产业结构。要确定重点发展领域，培育优势产业，加快对重点地区、传统产业的改造升级，引进科技含量高、辐射能力强、规模效益好的现代型产业，积极发展信息产业，依托成都、重庆、西安、兰州等西部中心城市，大力发展生物制药、航天航空、新材料与新能源、新型环保产业。在第二产业与第三产业增长的基础上加快推进城市化、工业化和现代化。

(三) 软法层面区域产业结构调整

软法层面的区域产业结构调整，是指根据国家产业政策、区域间的行政协议而对区域经济体内产业结构进行调整的一种规划，这种意义上的调整，是不具强制性的，因而更加体现出区域产业结构调整的灵活性。

1. 软法调控区域产业结构的主体

区域产业结构的调整主要是通过区域间政府在执行国家宏观政策的基础上，从中观层面对其自身内部的产业结构进行调整，以符合国家产业政策的要求。同时，为使区域内产业结构更加合理、避免重复建设和杜绝资源浪费，区域内调控产业结构的主体之间会就产业结构进行协商，从而推动产业结构的合理化。因此，软法调控区域产业结构的主体包括以下三个。

(1) 地方政府

区域产业结构调整涉及区域经济发展的速度、质量和效益，它影响的不仅是地方一时的发展，而且会影响地方的长期发展，因此，地方政府而非企业充当了区域经济发展事实上的投资和产业发展主体，通常是通过行政力量干涉来实现各类资源重组和规模经济。

(2) 市场主体

市场主体主要包括国有企业、集体企业和其他形式的企业，它是区域产业结构调整中非常重要的一环，它会根据区域内产业结构情况决定是否在该区域内建立自己的产业，也会根据区域内外的市场供求情况决定自身产品的数量，因而市场主体是产业结构调整中反应最为灵活的一个。由于地方保护主义可能导致区域产业结构趋同等问题，因此市场主体应当承担起产业结构调整中的重任，除地方政府适度介入能源、交通等基础设施投资外，市场主体要充当竞争性投资主体，将各种经济成分引入区域产业结构中来。

(3) 中介机构

区域产业政策的有效实施必须有市场中介机构的参与。作为介于地方政府和企业之间从事服务、协调、评价等活动的非官办社会经济组织,中介机构具有以下功能：及时向企业传递有关信息,帮助企业理解和把握产业政策的有关内容,统一企业认识,以整体身份同政府对话、互通信息,协调彼此利益,使政府在实施政策时更能把握企业要求等。市场中介机构在很大程度上代替了政府原来的一些职能,但并非政府机构的延伸,它主要依靠法律和科学在市场活动中规范化地、平等地扮演自己的角色,主要由专家等专业人士担任,在履行职责时有一套完整的科学程序和方法,并且必须接受政府管理和企业、群众的监督。

由于我国各省区中介机构很不完善,区域产业政策实施主客体间调控与被调控的作用机制无法有效发挥作用,不利于政策的制定实施,这种不完善还增加了地方政府直接干预企业经营管理的可能性以及区域产业政策实施的滞后性。

2. 软法调控区域产业结构的实施机制

(1) 综合调控机制

区域产业政策是地方政府根据国家宏观区域政策和产业政策结合本地区实际制定的,主要包括区域产业结构政策、区域产业组织政策、区域产业技术政策、区域产业布局政策[①]。在区域经济体内,存在以上各种原来相互独立的产业政策,这些政策与具体的区域政策相结合,有可能会形成冲突,因此要采用综合调控机制来消解冲突可能带来的影响。以区域产业技术政策为例,它主要包括两方面内容：一是采用新技术有计

---

① 裴叔平,周叔莲,陈树勋.中国地区产业政策研究 [M].北京：经济管理出版社,1990：69.

划地建立一批新兴产业，增加其在区域产业结构中的比重，从而降低耗能大、耗物多的传统产业比重；二是利用新技术对区域原有传统产业进行改造，提高技术水平。当技术与技术结构之间发生冲突时，必然会阻碍产业结构的演进与经济发展。此外，区域产业组织政策和产业布局政策也是如此。区域产业组织政策是指政府采取一系列政策组织地区主导产业的大规模生产体系，充分利用规模经济，同时建立活跃适度的竞争秩序，保持企业生机与活力。区域产业布局政策是指通过地区产业及企业的合理布局，实现空间经济效率与平等的和谐统一。只有当二者同产业结构政策协调一致地发挥作用时，区域产业结构调整的最优目标才有可能实现。区域产业政策内在机制决定了地方政府在实施时必须综合运用，各部门协调一致、统一行动，以尽可能减小产业政策各项内容的互逆作用，增大其合力，推动产业结构合理优化。

（2）动态协调机制

区域产业政策实施手段除前文所述以外，还可分为强制性和诱导性两种手段。[①] 强制性手段与产业政策目标直接相关，如政府对其欲发展的产业部门进行直接投资和贷款分配数量的倾斜，这种手段针对性强、措施得力、短期的政策效应强，但很难保证产业长期健康发展。诱导性手段与产业政策目标间接相关，政府通过利益诱导等方式使欲发展部门获得相对优势，引导企业生产，如对需发展产业实行订购等保护和刺激措施，这种手段有利于增强区域经济系统功能，长期的政策效应强，为产业发展提供了较大潜在力量，但短期效果不明显。而根据是否针对个别企业还可分为有选择诱导和无选择诱导两种。

在区域产业政策实施过程中，这两种手段具有互补性，往往结合使

---

① 汪同三，齐建国. 产业政策与经济增长 [M]. 北京：社会科学文献出版社，1996：238.

用。经济发展的动态性决定了区域产业政策目标应根据实际不断调整,与之相应的实施手段也处在动态协调过程中,究竟哪种手段多一些,还需根据实际情况来调整。由于经济体制的转变,我国区域产业政策的模式、目标、市场机制完善程度都在发生变化,实施手段也表现出以下变化趋势:由强制性手段为主转变为强制与诱导两类手段兼施并用,并将逐步过渡到以诱导性手段为主。区域产业政策实施手段的动态协调机制要求地方政府在使用时必须遵循因时调整、因地制宜的原则,实现两种手段的有效结合,以提高实施力度。

(3) 协商反馈机制

区域产业政策实施过程中涉及多方面关系:中央与地方、地方政府与企业、地方政府与中介机构、企业与中介机构、地方之间等,多元化的利益主体使它们之间形成了协商反馈机制。地方政府在实施区域产业政策时必须处理好以下关系:一是处理好与中央政府的关系。由于不可避免的区域本体利益的存在,使国家产业政策和具体而微的区域产业政策或多或少地存在矛盾,地方政府在实施区域产业政策时必须处理好与中央的关系,尤其要处理好与中央直属企业的关系,同中央各产业部门协调一致,减少政策实施的摩擦阻力,在有利于国家利益前提下实现区域利益最大化。二是处理好与中介机构的关系。中介机构作为政府与企业联系的纽带,参与区域产业政策的制定、实施及监督。为保证决策顺利实施并增强其可操作性,地方政府需发展完善中介机构,加强与其之间的联系,接受其建议和监督。三是要处理好与企业的关系。市场机制的逐步建立要求地方政府实现由生产者到服务者的角色转换,依据区域产业政策,多采用经济、法律手段对企业生产经营进行宏观调控,尽可能避免直接行政干预。与此同时,企业作为实施客体对政策的反应直接或通过中介机构间接反馈到地方政府,使其在政策实施过程中不断调整方式、方法和手段,并为政策修订提供参考和建议。四是要处理好与其他地方政府的关系。地区资源差异性和互补性决定了实施区域产业政策必须依靠区际协作分工,区域间经济联系的日益密切要求地方政府改变过去"地区封锁"、地方保护主义的做法,加强横向经济联合与交流,支持资金、技术、人才的跨地区流动,在区域合作与竞争中占据主动地位,充分发挥本地区优势,促进地区经济持续稳定协调发展。

3. 软法调控区域产业结构的方式

在当前的国内经济环境下,软法调控区域产业结构的方式主要见于国家宏观的调控政策以及各区域经济内部的政策。如前所述,区域产业政策主要包括区域产业结构政策、区域产业组织政策、区域产业技术政策、区域产业布局政策。这四种政策在各自的范围内发挥不同的功能。

(1) 区域产业结构政策是软法调控区域产业结构的目标与核心。通过设计合理的区域产业结构政策,可以使区域产业结构更加合理化,走向高级化。哪些产业是主导产业、哪些产业是支柱产业,地方政府在规划调节时会充分考虑,并进行设计。通过选择扶持地方主导产业,促进产业结构合理化;培植产业结构的转换机制,促使资产由衰退产业向新兴产业转移,形成相互协调、相互促进的产业序列,推动产业结构高级化。

(2) 区域产业组织政策是实现区域产业政策的主要手段。区域产业组织政策是指区域内各级政府采取一系列政策组织地区主导产业、新兴产业、高科技产业,利用组织优势,适度建立起规模相当、竞争有序、分布合理的大规模生产体系,保持企业的生机与活力。

(3) 区域产业布局政策是促进区域产业政策实施的载体。通过区域产业布局政策,能够把区域内各种产业资源进行统一整合,使之更为规范,产生聚集效应,真正实现区域产业结构调整的空间经济效率与平等的和谐统一。尤其是当区域产业布局、区域产业结构两者协调一致地发挥作用时，区域产业结构调整的最优目标才有可能实现。

（4）区域产业技术政策是调整区域产业结构的技术要素。该政策由两部分组成，一是产业技术本身，二是产业技术结构。前者合理时，就会采用新技术有计划地建立一批新兴产业，增加其在区域产业结构中的比重，从而降低耗能大、耗物多的传统产业比重；后者合理时就会利用新技术对区域原有传统产业进行改造，提高技术水平，促进其更新换代和质量提高。只有当它们之间在变化时间、兴衰强弱、因果关系、结构演化等节点上协调一致时，区域产业技术才能促进区域经济的发展，而当它们之间发生矛盾时则必然阻碍区域产业结构的演进和经济发展。

4. 软法调控区域产业结构制度

从软法的意义上来讲，区域产业结构政策属于政府为推动区域产业发展，调整产业布局而制定的"法"，它与立法机关制定的法律不同，其目的在于因时顺势地发展本地区不同的产业，同时又不需要上升为法律层面。因此，区域产业政策属于软法意义上的调整。根据产业的不同，区域产业结构调整模式也不同。在当前的产业结构调控中主要采取以下几种主要制度，即区域产业扶持制度、区域产业限制制度、区域产业改造制度和区域产业转移制度。

（1）区域产业扶持制度。区域产业扶持制度的核心内容，就是在区域经济发展中需要扶持的产业种类和扶持的各种手段。需要扶持的产业是对未来的区域经济和区域产业结构具有决定性引导作用的产业。目前在不同的区域应有不同的重点。以东部地区为例，扶持的重点产业主要有以装备制造业、电子信息产业、基础材料与新材料产业等为主的先进制造业；以集成电路、软件和新型元器件、无线通信、微电子、生物医药、生物农业、生物能源为主的高科技产业和以构建口岸物流、制造业物流和城市配送物流相结合的现代物流体系的现代服务业。

扶持的手段主要是指对重点产业部门采取种种优惠政策，如投资的重点倾斜，财政和税收优惠政策，金融政策措施如低息贷款、政府保证金、特别产业开发基金。在金融业领域，区域内各级政府要运用各种调控政策，鼓励金融创新，完善金融产业结构，加快完善金融机构、金融市场、金融服务和金融监管体系，提升金融服务水平。积极整合城市商业银行、农村商业（合作）银行、农村信用社、地方证券和保险等地方金融资源，提高资本配置效率。积极促进金融衍生品、保险和再保险、离岸金融、债券等市场和业务发展，推动金融产品创新中心建设；支持和完善资本、货币、外汇、期货、黄金和产权市场建设。加强金融生态环境建设，维护金融稳定，提高金融产业的竞争力和抗风险能力。

（2）区域产业限制制度

区域产业限制制度主要是根据区域内一定时期的技术政策和资源利用政策，为实现产业结构的进一步优化，推动产业结构转型升级，淘汰衰退产业、关掉夕阳产业，使资金、资源与技术流向朝阳产业的一系列制度。与产业扶持制度相比，产业限制制度主要是对衰退产业而采取的。衰退产业是由于技术进步或需求发生变化等因素致使市场需求减少，生产能力过剩且无增长潜力的产业。衰退产业的出现与产业的不断升级有直接关系。产业结构政策不仅要保护和扶持主导产业的发展，而且要对将衰退的产业实行调整和援助。其目的是帮助和促进衰退产业有顺序地收缩，使衰退产业的资源顺利地流向其他产业，实现资源的优化配置。

相对于区域主导产业的扶持而言，实现区域范围内衰退产业的缩减或者淘汰更为艰难。所以，对于衰退产业，区域政府更需要加强调控措施。区域调控主体根据国家和本区域的产业政策，运用经济、法律和必要的行政手段，限制不符合行业准入条件和产业政策的生产能力、工艺技术、装备和产品,对于严重浪费资源、污染环境、高耗能、占地多、低效率和不符合安全生产条件的企业、生产工艺和产品,坚决予以淘汰。

(3) 区域产业改造制度

在我国三大区域经济体内,产业的调整和改造势在必行。以东部地区为例,东部已经建立了完整的产业体系,劳动密集、资本密集和技术密集的产业各具规模,但是其发展方式却仍以劳动密集型为主。对于传统的劳动密集型产业,应充分利用产业技术创新加快和高新技术产业快速发展的步伐,加快技术改造,提高产业的要素生产率和产品质量及附加值。在我国西部地区,由于还处于工业化初期向工业化中期转化阶段,所以它所面临的产业改造任务更为繁重,原有的第一产业面临发展瓶颈,第二产业与第三产业急需提质和扩容。因为向工业化中期转化过程中,资金、技术密集型产业会逐渐上升为主导产业,而劳动密集型产业作为一种主要依靠大量劳动力、对技术和设备依赖程度低的产业,伴随着经济的发展逐步由主导地位阶段向占非主导地位阶段过渡。当前以微电子、信息产品制造业为代表的技术密集型产业正迅猛发展,成为带动经济增长的主导产业。而随着技术进步和新工艺设备的应用,劳动密集型产业的技术、资本密集度也会提高,并逐步从劳动密集型产业中分离出去。中部地区是我国重要的农副产品生产和输出基地,也是我国重要的原材料和主要初级产品的生产和输出基地,开发前景较好,但是产业改造也迫在眉睫,必须同时提高技术水平,充分发挥信息化的带动作用,以信息化带动工业化,加快运用高技术和先进适用技术改造以提升这些传统产业,广泛应用信息技术,加快机械、纺织、轻工、电子、化工、医药等重点行业的信息化改造。

(4) 区域产业转移制度

产业转移是一种有利于区域产业结构优化、推进区域经济协调发展的机制和途径。东部地区的产业结构调整是产业转移的主要原因：一方面东部传统产业需要转移，另一方面中西部要做好东部产业的承接。主要可从以下三方面进行。

一是东部地区传统产业的整体转移。东部地区劳动密集型产业的聚集效应，延缓了产业西移的进程。对于这一问题整体转移的途径值得探讨。产业整体转移是指在原来的区域内相互关联的地理上集中的立业群体，整体搬迁到另一区域，而其立业内部的分工与协作关系保持不变，所以东部地区的企业可以通过租赁的方式在中西部地区现有的开发区和工业园区内设立产业基地，使东西部开发区存在错位发展、合作共赢的巨大空间。

二是中西部地区加强产业制度的创新和人才培育。中西部地区的各级政府作为制度创新的主体，应当对移入的东部产业实施优惠的税收和金融政策，塑造一个承接东部转移产业有利的市场环境。西部大开发和中部崛起战略已得到全面实施，"十二五"规划也提出，要健全区域协调互动机制，促进生产要素在区域间的自由流动，这些战略和政策为中西部地区承接东部产业转移带来了机遇。中西部地区应利用这些机遇积极引导东部产业的移入，东部地区的政府要为产业转移的企业融资提供便利和优惠，促进劳动密集型产业向中西部地区转移。在制度创新和实施优惠政策的同时，中西部地区还要加大人力资本投入，加大职业教育培训，培养造就大批高素质人才，要采用多种途径开发人力资源，为中西部地区产业的提升和产业的可持续发展提供源源不断的人力资源和智力支持。

三是承接东部产业与发展区域特色产业相结合。在东部劳动密集型产业向西部转移过程中，中西部地区应有所筛选，根据本地区的发展能力进行承接。中西部各个省份对移入产业的需求各不相同，所以要根据本地区的具体情况选择有助于提高本地区的产业素质、推动本地区经济发展的产业。如果中西部地区盲目承接东部产业，可能会影响中西部地区的产业升级，导致产业结构失衡。东部地区西移的产业，偏重于利用价格便宜的自然资源和劳动力要素，属于低附加值劳动密集型产业。假设中西部地区片面接受传统产业而缺乏创新，使产业结构一直处于低附加值化，那么会在一定程度上延缓产业升级时间，从而难以缩小与发达区域之间的经济差距。

四是在承接东部产业的同时注重环保，坚持可持续发展思路。国家环保总局（现生态环境部）联合原国家经贸委曾于2000年发布《关于禁止向西部转移污染的紧急通知》，对于一批已明令淘汰的15类严重污染环境的小企业、设备、工艺等做出了明确的管理规定。这一通知对产业转移中限制污染的西移起了一定的作用，但是目前我国东部和中西部之间环保标准存在差异，导致部分工艺和产品缺乏约束力。所以中西部地区应尽快完善地方环境标准，以保护环境。中西部地区对东部地区产业的承接，其目的是增强本区域的经济实力，而不是东部落后产业的疏散地或存放地，中西部的各级政府要做好产业决策和引导，坚持生态化、节约化的产业承接导向，避免走以牺牲资源环境为代价的传统经济发展模式。

第二节 区域投资开发调控法治化

区域投资开发，是指区域经济调控主体为促进相对发达区域运用投资等手段对于经济发展相对滞后或者欠发达区域的自然资源、经济资源等进行综合开发，以加速资源优势向经济优势转化的一系列的具有经济意义的活动。瑞典经济学家缪尔达尔（G. Myrdal，1957）提出了"地理上的二元经济"结构（geographical dual economy）理论，认为生产要素自由流动、市场机制自发调节可以使各地区经济得到均衡发展的观点并不符合发展中国家的实际。他认为，某些地区受外部因素的作用，经济增长速度快于其他地区，经济发展就会出现不平衡。这种不平衡发展会引起"累积性因果循环"，使发达地区发展更快，欠发达地区发展更慢，从而逐渐增大地区经济差距，形成地区性二元结构。缪尔达尔的理论解释了实践中不发达区域的政府制定相应的政策来发展自己的经济，缩小这种差别的内在动力。区域投资开发的复杂性与长期性要求各区域及区域调控主体综合考察待开发区域的各种因素和资源，长期规划，结合区域的各要素与资源有序开发，以实现区域经济效益、社会效益、生态效益的统一和提高。

一、区域投资开发的内涵及其调控的必要性

对于我国的区域投资开发，首先要认识到我国投资开发的区域范围主要是针对中西部的不发达和欠发达地区、经济衰退地区、生态环境问题严重地区而进行的。其次要清楚区域投资开发是一种职权行为，即相关调控主体的一种法定职责。之前笔者引用了缪尔达尔的"地理上的二元经济"结构理论，说明了不发达区域的政府开发本土的动力所在，然而在法律上不发达区域政府绝不能仅基于现实所产生的动力去做什么和不做什么，区域投资开发更重要的是政府的职责，而且这种职责也落实在有权对中西部地区实施经济管理的调控主体上。各级政府作为投资开发的引导者，各类投资主体在市场经济层面上参与开发。最后一点要说明的是，东部地区的政府和其他经济主体对中西部地区的投资及其相应

的经济合作，客观上促进了不发达地区的开发，但如果其中不是具有义务性和职责性的行为，只可被看成各区域之间的自愿性协商合作，不可被认定为区域投资开发。此外，"区域经济合作与扶助法治化"一节将涉及这一类行为活动及相关问题。

（一）区域投资开发的内涵

在政策与法律上区域开发实现的主要途径就是区域调控主体运用财政、金融、税收、投资等手段调动区域政府制定各自的社会、经济和环境等发展规划并具体落实，以及引导资金等各项资源流向不发达区域。以下将重点阐述财政政策和金融政策的运用。

1. 区域财政政策

区域财政政策是中央政府利用政府投资、政府采购、转移支付（补偿）、发行公债等手段，影响区域经济活动以及公共部门与私人组织之间的配置和使用，以达到区域经济发展目标的政策组合。

运用财政政策对不发达区域进行资金等资源的调配一直是各国对不发达区域开发中最先使用和最经常使用的一个主要手段。比如，政府采购，是指政府动用财政收入购买不发达地区劳务和商品的一种财政支出方式。如在意大利，政府采购总额中从南方不发达地区采购的比例更是被明文规定为30%。转移支付，是指国家为了实现社会经济整体的协调发展，解决社会经济发展上的不平衡而导致的某些区域或者某些产业的落后局面，而采取的一种调动资金在不同区域政府或者不同产业群之间的无偿性配置的财政手段。在转移支付的形式上，分为中央财政对省级财政的转移支付、中央财政对贫困县的转移支付以及发达省区对不发达省区的转移支付三种。在我国，主要指中央财政对省级财政的转移支付。以下主要通过对转移支付政策的阐述来说明区域财政政策的实施情况及其相关问题。

区域转移支付政策，又称区域补偿政策。这样的政策起因于社会经济发展上的横向失衡。横向失衡的概念最先是由美国经济学家布坎南（Buchnan）提出的。他指出，在不同的地区由于具有不同的税基和财政能力，不能够只考虑其中一个方面的公平，必须将税收公平与公共服务公平同时纳入政府间的财政关系尤其是政府间转移支付的框架中。基于"横向财政公平"的理念，一国之公民无论处于何种地理位置范围，均有权利享受相对平等的与其基本权利有关的政府公共服务。那么，当某一区域的政府缺乏财力维持这样的公共服务水平时，中央政府等具有相应职责的财政主体就有义务在财政上提供合适的途径为该区域的政府给予资助。在我国，从1994年分税制改革以后真正建立起来的区域转移支付制度，主要有四种方式：（1）税收返还，这是指中央财政对地方财政的保证税收上既得利益的一种资金再分配方式。其中又分为消费税与增值税的两税返还、所得税基数返还以及出口退税基数返还。（2）体制补助或上解，这是指中央财政对部分省区的定额补助和部分地区向中央财政的上解收入。（3）中央对地方转移支付补助支出，这又分为财力转移支付和专项转移支付。财力转移支付是指为了调节地区间财力差距、促进公共服务均等化而实施的转移支付，分为一般性转移支付、民族地区转移支付、工资性转移支付、农村税费改革转移支付以及"三奖一补"激励性转移支付；专项转移支付是指不包含在地方财政体制规定的正常支出范围内，根据特定的用途和地方特殊情况，由中央拨付给地方的专项资金。（4）结算补助或上解。这是中央财政在每一个财政年度结束后，对一些上一年度内因企事业单位隶属关系的变化、新政策对地方收支的影响等方面进行调节之后所产生的一种转移支付形式。在对不发达区域的转移支付政策实施上，中央财政加大了对这些区域的转移支付力度，如从2000年起，为配合西部大开发战略的实施，中央财政通过预算安排和增值税增量返还等措施对民族地区增强了转移支付力度,并以对天然林保护、退耕还林所造成的财政减收进行转移支付来保护和改善西部地区的生态环境。再比如从2001年所得税分享体制改革之后,中央通过所得税改革从富裕的东部地区获得的税收增量全部投向中西部省份。

不过,目前的转移支付政策存在不少问题。一是转移支付的结构不合理,专项拨款比重大,而均等化转移支付的规模很小。税收返还是1994年分税制改革后确定的中央对地方政府的无条件补助,维护的是地方既得利益,导致贫者愈贫,富者愈富。体制补助或上解是将20世纪80年代财政包干体制中不合理的地区利益格局带入新形式,没有达到地区均衡的效果。二是转移支付少有法律规范。我国目前既没有专门规范转移支付的法律法规,在《中华人民共和国预算法》中也无相应的法律条款。在美国,主要的专项拨款均由国会法案规定其中的内容、政府支出责任、转移支付规模等。我国对数千亿元的转移支付资金缺乏相应的法律法规,影响了转移支付的权威性和稳定性。三是省级政府对下级政府的转移支付操作相对滞后。有些省份虽然比照中央财政对地方财政的转移支付做法,但是由于缺乏结合省级以下各市、县、乡政府财力的具体情况,且由于各市、县、乡财力分布的不均衡,很多县级财政问题仍旧没有从根本上解决。

2. 区域金融政策

区域金融政策是指中央调控主体和区域地方调控主体利用金融市场自身机制的发展,利用参与金融市场的银行等金融机构、企业和相关人员的市场活动,促进资金向特定区域倾斜融通与流动,增进资金在区域之间的有效配置,来发展特定区域经济的一系列政策的组合。显然,区域金融政策若是为了配套中央的调控,专门为中西部地区开发而制定的优惠性政策,应当具有一定的倾斜性。但这是国家在整体性规定的基础上，充分考虑到区域政治、经济发展的特殊性的而设立的政策与法律制度。

作为区域投资开发调控法治化进程中重要的一环，区域金融政策和法律的制定与实施有着相当重大的意义。一是它能够促进区域经济的合理分工。区域间各地生产要素的禀赋差异及其不完全流动将会使产业结构与分布在区域上出现明显差异，金融政策将通过区域性信贷、区域性资本市场的发展等手段支持区域性优势产业、高新产业等能够体现区域合理布局、合理分工的持续发展。二是它能促进区域经济的交流合作。区域经济的交流合作是区域经济进一步发展不可或缺的一环，而交流合作是要以统一开放的金融市场为必要条件。随着区域性、全国性的资本市场的形成与发展，资本市场自身的各种效应和优势将使区域性主导产业繁荣带动区域经济的交流合作。三是决策科学、执行合理的区域性金融政策与法律能够缩小区域间不合理的差距。区域发展的"梯度"差距不能够作为区域间不合理差异长期存在的理由，如何缩小这种不合理的差距？决策科学、执行合理的区域性金融政策与法律将配合财政上转移支付等手段，直接支持不发达区域以较快的速度赶上发达区域的经济发展水平，缩小区域间的不合理差距。

为了加快中西部地区经济的发展及缩小与东部地区的差距，区域金融政策的实施需要改造与完善以银行企业为主的金融组织，利用与发展适应区域经济发展的金融体系与工具。鉴于此，金融组织的建设及金融体系的充实是区域金融政策实施效果的两个重要层面。

(1) 政策性银行

政策性银行是基于国家经济调控的需要而设立的。在国家与地方建设交通、邮电等基础设施的布局中，如何保证各区域的组织和居民都有权利大致均等地享有均质等量的基础设施服务？东部地区财力雄厚，基

<<< 第五章 我国区域经济调控法治化微观分析

础设施发展已初具规模,其组织与居民已然可以享受均质等量的基础设施服务,而经济欠发达的中西部地区由于建设资金长期不足而基础设施发展落后。正是在这种情况下,三大政策性银行中的国家开发银行和中国农业发展银行在一定程度上承担了支持中西部地区发展的职责。不过在实际的运作过程中,政策性银行对中西部地区开发的支持作用并没有得到更有效的发挥。以国家开发银行为例,自中西部地区实施开发战略以来,国家开发银行已经向中西部地区贷款超过了4000亿元,有力地推动了中西部地区的开发。然而,国家开发银行对中西部地区的年度贷款却又呈下降趋势,如2001年占年度贷款规模的53.68%,2002年下降至52.01%,2003年又进一步下降至50.41%,而2004年占年度贷款规模已降至不足五成,为48.13%。政策性银行的投资领域主要是在纳入区域开发规划和产业政策范围内的基础产业、农业、中小企业以及边远落后地区,这是商业银行不愿涉足的领域。如果政策性银行如同商业银行一样仅仅跟随市场经济的规律而动,那么设立政策性银行的初衷就难以实现,国家宏观调控与区域经济调控的目标就会落空。

(2) 区域性商业银行等金融机构

近年来,中国多元化多层次的金融格局发生了微妙的变化,在全国性商业银行和地方性城市商业银行这两个层次之间出现了一个新的中间层次,即区域性商业银行,并且这股新生力量正在不断发展壮大。我国目前已经成立的一些有较大实力和影响的区域性银行多数位于东部地区,如浦东发展银行、广发银行、深圳发展银行。而中西部地区的区域性金融机构较为缺乏,其实力和影响也较东部地区的区域性银行小。即使东部地区的商业银行在中西部地区设置了分支机构,也呈现出数量少、结构不合理的局面。当然,对于追求市场经济目标的商业银行来说这是十分自然的一件事情。不过在客观上,区域性金融机构是推动区域开发、促进区域经济发展的重要途径之一，所以中西部的区域性商业银行应当纳入区域金融政策调控主体的视野中，由其做出统筹安排，发挥区域性商业银行的有利地位与优势，更好地为中西部地区经济发展服务。如2005年12月28日成立的徽商银行，是中国第一家由省内六家城市商业银行和七家城市信用社合并重组成立的区域性股份制商业银行，它的成立被誉为中国城市商业银行重组改革的破冰之作。又如广西北部湾银行，这是广西壮族自治区人民政府直接领导下唯一的区域性、国际化、股份制的特色银行。它是在重组南宁市商业银行的基础上，吸收合并柳州市商业银行和桂林市商业银行，并在钦州市、北海市、防城港市和自治区内其他城市设立分支机构而整合形成的。中西部地区整合本地金融资源发展而成的区域性商业银行，在开展业务壮大自身的过程中，一是可以重点支持中西部开发的重点项目，二是可以鼓励扶持本地中小企业创业发展，以此促进中西部地区的经济发展。另外，"考虑到中西部欠发达地区金融业发展现状，在坚持银行业安全性的前提下，可以对在中西部设立商业银行资本金进行适度倾斜，降低金融机构的准入门槛"[1]。

我国五大国有商业银行由于其网点众多、业务广泛、客户资源丰富、资金雄厚等优势而具有绝对的竞争力，实力最强；几家大型的股份制商业银行如招商银行、光大银行、中信银行等近几年来由于业务创新等原因而发展迅猛。区域性商业银行尤其是中西部区域性商业银行必须扬长避短、谋求创新发展、走特色业务道路才能有更长远的出路。如西部地区的区域性商业银行可以对西部特色农业、节水农业、生态农业的发展在信贷方面给予支持，并有选择地增加对生态环境建设项目的贷款投入。

---

[1] 袁孝宗. 试论区域经济协调发展的金融法调控［J］. 法制与经济，2006（12）：62.

（3）金融体系的充实

1998年我国中央银行撤销省级分行，改为九个大区分行。这项改革是在我国区域经济发展差距拉大的背景下、为实现区域经济协调发展提出并实施的。众所周知，中央银行为实现宏观经济调控目标而采用各种方式调节货币、利率和汇率水平，进而影响宏观经济的各种方针和措施。在区域经济发展与调控的层面上，货币政策、利率政策及汇率政策影响区域经济发展的各领域。因而，以后在适当的时机，中央银行按照行政区划的设置分支机构的模式应该加以改变，建立打破以省级行政区划组合为基础而以适应区域经济发展的中央银行的区域性分行来执行宏观经济政策和区域经济政策。在中央银行总行集中行使货币发行权、基准利率调节权和信用总量调控权等权限的同时，区域性分行应该获得利率、贴现率和存款准备金率等调控手段的下放权限。在信贷政策上中央银行总行与各分行应有目的地实行差别规模控制和投向产业倾斜。如中央银行总部可按东部、中部、西部确定比例递减的存款准备金率，来刺激中西部的贷款投资。各区域分行根据产业政策的需要，确定贷款的投放顺序和规模结构，如中部区域的重点应是能源、原材料等基础产业等。

如果要加速区域间的分工协作与交流，统一的金融市场体系的建立与完善是不可或缺的选择。区域之间产业结构的调整、替代与升级，需要金融市场体系发挥最大的作用，促进各区域基于市场经济规律的作用，按照比较利益原则进行分工协作，基于市场化的目标引导区域间资金的合理流动从而促进区域间各政府、企业组织与个人的交流，在此前提下，以资源为基础的中西部地区才有更为公平的机会去发展。在区域经济发展过程中，金融体系充实的一个重要参数是，适时在中西部地区建立一家证券交易所。目前我国证券交易市场偏向集中于深沪这两座东部城市。在中西部地区建立证券交易所有利于缩短其余东部沿海地区在资本市场发展上的差距，有利于为中西部地区重大工程建设与各项配套工程筹集资金。

3. 区域税收政策

区域税收政策主要是指区域税收调控主体为区域间、区域内各企业发展的成本和收益状况施加影响，引导资源市场、要素市场的重新调整，改善外部环境，提供发展机会，以实现企业发展带动区域经济进步的一系列政策组合。

区域税收政策施行的根本要点在于，对于某些特定区域如中西部地区，中央政府和区域政府间通过对部分企业的税收减免来影响经济主体的区域决策行为，引导其做出符合区域税收政策目标的决策行为，直至促进资源、要素流向目标区域。

实施区域税收政策的重要手段是税收优惠，一是通过减免特定区域企业在特定时期应缴纳的全部或部分所得税；二是在某些特定区域，对其部分或全部的进出口关税实行减免。在我国中西部地区，存在着许多"老少边穷"区域，国家为促进这些地区的经济发展制定了专门的税收优惠政策，减轻了上述地区企业和个人的税收负担，并吸引了更多的投资者到上述地区进行投资。

4. 区域投资政策

投资作为一个重要的宏观经济变量包括政府投资和民间投资。在本书中，区域投资政策没有将购买证券或其他财产的活动纳入考虑范围，而仅仅指实际的资本形成。民间投资更多的是一个自发组织的过程，只要政策和法律上宽松，民间投资就会发生重要的作用。作为政府，其能够调动的资金就是财政资金，所以政府的投资就是财政投资。促进不发达区域的各项发展需要中央一级的调控主体加大对该类区域的财政投资，优化财政投资的结构；区域政府应当改善本区域的投资环境，增强其对社会投资的吸引力,最后能够综合各方面因素通过投资的乘数效应实现其经济、社会的更快发展。

财政投资包括的内容很多,主要有基本建设投资、挖潜改造、增拨流动资金、国家物资储备及支援农业生产等,这其中分为政府直接投资和政府间接投资。直接投资权来源于在基础设施和生产项目上的投资决策权,间接投资是中央政府综合运用经济杠杆、制定相应政策,调节、引导、补救各种利益主体的投资行为,促进区域经济投资结构优化的一系列行为。由于我国市场化程度较低,中央政府和地方政府更多地运用直接投资政策。从投资效率上看,民间投资的效率总体上会比政府相应的行为要高,因此在今后随着市场化进程的深入,国家应更多利用间接投资政策,促使资金进入相应的区域如中西部地区,来促进该区域的经济发展,如设立共同投资基金等。

但是,即便政府部门的生产效率低于私人部门,从用于公共基础设施和教育的投资上来看,由于外部效应的存在,仅依靠市场投入必定会造成供给不足,政府财政投资在此方面的使用,弥补了私人投资的不足,从而有利于经济的持续增长。这一点尤其对于我国中西部经济实力和财政实力不足的情况下去进行公共基础设施建设和人才培养十分有利,而除了上述两方面的财政投资带来的正面效应,落后地区的科技投入以及农业发展的强化都需要更大相应的财政投资力度。

(二) 区域投资开发调控的必要性

1. 区域投资开发中财政政策等制定和实施的缺陷与不足

1994年施行的分税制改革形成了当前的税收制度,而1995年开始进入区域经济协调发展的新时期,却恰恰错开了这两者配合发展的时机。这就造成了由于我国税收政策的制定存在着许多缺陷与不足而导致的制度实施问题。如在资源税制度的设计上面,由于资源税税率偏低,加上目前资源产品的严格管制，中西部地区输出资源的价值被大量无偿转移至生产下游产品的东部地区；资源优势的丧失，严重制约了中西部地区经济的快速发展。又如，税制划分上，分税制制度规定75%的增值税和全部消费税划归中央，客观上就抑制了中西部地区利用自身丰富的自然资源发展资源导向型企业的积极性。

目前存在于我国东中西三大地域之间的投资问题首先是国家投资重点变化的差异问题。改革开放以后，国家投资重点向东部倾斜转移并持续了相当长的一段时间，在此期间由于东部地区自我融资渠道日益完善而对国家投资依赖性降低，在现今国家对东部地区投资比重开始减少之后，东部地区并没有因外部投资的降低而产生经济下降等严重后果；相应地，中西部地区对国家的投资依赖性一直较强，在随着改革开放之后相当长一段时期内国家投资比重的减少，加之中西部地区自我融资渠道短缺，目前中西部以投资为增长源的方式与途径受到了较大的限制。其次是利用外资的差异问题。在东部地区与中西部地区之间的区域金融政策的制定与实施，其缺陷与不足更为明显。资金回报率差异引发的资金流动，使得一个问题不可回避，这就是东部地区与中西部地区在实际利用外资方面差异较大。这其中一个重要原因就是资金使用效率在东部地区与中西部地区之间有着较大的差别，在市场经济的作用下，资金的流向不可避免地趋向东部地区，即使国家运用各项政策与法律去扶持中西部地区发展，也无法完全避免这一问题的存在。如从1993年开始，国家向中西部地区贫困县增拨资金扶持发展乡镇企业贷款，到1998年已增至260亿元，但是中西部地区资金使用效益较东部地区低很多，大约有40%的贷款资金流向了东部地区。西部地区资金外流至东部地区的途径还有商业银行地方支行在将闲置资金吸存至总行后，总行在内部调配资金时，部分资金流向东部地区；以及吸收了中西部农村、小城镇储蓄存款的邮政储蓄系统，在无法开展信贷业务的情况下，又将该部分存款转移至大城市，这其中主要就是东部大城市。另外，长期以来为了实现货币币值稳定的目标，我国的货币金融政策不考虑地区的经济发展差异，基本上是全国统一的。统一无区别的金融政策由于是依照经济地位高、实力强的东部沿海地区的水平而制定与执行的，这就使得欠发达地区的中西部利益被忽略。

2. 区域投资开发中具有区域经济发展层面的法律制度欠缺

许多国家在区域经济发展过程中会逐步推出一些法律使得区域财政政策、区域金融政策等适时转化为严格的法律制度，以便在实施过程中有法可依。如英国在1934年制定的《特别地区（发展与改善）法》，就是世界上第一部被公认为针对区域问题的立法。而日本在这一方面立法颇多，如1950年制定了《国土综合开发法》，之后又陆续推出了《孤岛振兴法》《过疏地区振兴特别措施法》等一系列有关区域经济发展的法律。然而我国除了第一部有关区域开发的专门法《西部开发促进法》仍停留在草案讨论阶段之外，涉及区域开发的专门法律与相应的条款依旧是空白。许多涉及区域开发的法律性文件最多出现在政府规章、政府文件中，更遑论跨区域开发的法律的制定。因此，现实迫切要求各级立法机关加快区域开发立法工作，为区域开发战略的全面实施提供充分的法律保障。

二、硬法层面区域投资开发调控的法治化

（一）区域投资开发调控的立法目的

区域投资开发调控必须要进行立法保障的原因在于，一是正如前文所述，区域投资开发是指对中西部地区的开发，为了防止资金纯粹依赖

市场经济目的从中央流向东部沿海地区,或从中西部地区倒流回东部沿海地区,最终使得中西部地区缺乏资金而与东部地区经济发展水平差距不断加大的局面出现。通过明确的法律制度的设计和安排,将资金等资源有目的地引向中西部地区,促进该地区在充足的资金支持下快速发展。二是为避免区域投资开发政策产生太大的波动,使之具有稳定性和强制性。以法律的制定与实施来确保区域投资开发政策这种软法调控的效果,能够真正实现软硬法的互补。由于中西部地区经济基础的薄弱性,要求针对区域投资开发政策快速转化为法律制度,以促进区域经济持续、快速、健康地发展。

(二) 区域投资开发调控法的基本特征

作为区域经济调控硬法的组成部分,区域投资开发调控法要体现区域经济调控的本质属性,而由于其调控范围与调控手段的特殊性,区域投资开发调控法在规范和保障区域投资开发调控的过程中体现了其自身的特征。

1. 调控范围的限定性

区域投资开发是指对中西部地区的开发,它必须以中西部地区这样一个特定区域作为其调控的空间范围,以区域内投资开发为其调控的对象范围,因而它不同于国家在宏观层面上包括东部沿海地区的投资立法,而只是针对中西部地区的投资开发立法。

2. 调控内容的特定性

这主要体现为国家运用如财政政策、金融政策等在结合中西部区域经济发展特点而调整、变化各项宏观性的政策之后的实施内容及其相应的法律制度。

3. 调控目标的变化性

法律具有相当的稳定性。不过在中西部社会经济发展水平严重落后于东部地区的条件下,中西部地区要迎难赶上,不仅时间较长,而且其社会经济发展在各阶段变化差异较大,为其制定的政策与法律的调控目标也将随着这样的变化而不断变化,否则,被淘汰的不是深刻决定社会经济发展规律的生产力,而是处于上层建筑的政策与法律。

(三)区域投资开发调控法的主要内容

区域投资开发调控法的主要内容非常丰富,从区域投资开发调控法的实施层面来划分,包括区域投资开发调控的调控主体、受控主体;从区域投资开发调控法的范围来划分,包括中部经济区和西部经济区;从区域投资开发调控法的内容来划分,包括区域财政法律制度、区域金融法律制度、区域税收法律制度以及区域投资法律制度。下面对此进行分别论述。

1. 区域投资开发调控法的调控主体与受控主体

在实践中,有多种力量在不同程度上直接或间接参与区域投资开发调控法的实施,因而形成了多元化的实施主体:一是主导投资开发调控法在该区域内实施的地方政府;二是依据政府授权负责投资开发调控法的组织实施及相关事务处理的部门与机构,如财政部(厅、局)、银保监会(局)、中国人民银行及其各大分行等;三是受政府或相关部门或机构委托影响投资开发调控的社会组织与团体。三类实施主体中以政府为主要的实施主体,因此投资开发调控能否法治化主要是看政府实施投资开发调控的过程是否具有法律法规依据。区域投资开发调控法的受控主体在市场经济中主要指各类企业。政府运用区域投资开发的各项政策与法律配合宏观经济政策,为区域内各企业创造适宜的税收环境与金融环境,企业将主动或被动地接受这样的调控手段与方式,并能够通过一定的途径反映企业自身的各项要求。就目前而言,在多种经济成分中,国有企业是最主要的受控主体。

目前我国发改委中专门负责西部大开发区域发展的战略、规划和重大政策的统筹协调事项的"西部开发司"之前是国务院原西部地区开发领导小组办公室。然而，这样的区域调控主体却没有得到任何法律做出明确的规定。发达国家在区域开发过程中，始终伴随着由立法设置的区域调控机构，如美国在一系列区域开发进程中，依法成立了田纳西河流域管理委员会、阿巴拉契亚开发委员会、地区再开发署、经济开发署等多个机构，按法定职责和程序来管理区域开发的各项工作。我国区域开发过程中，中西部区域的一些跨省级区域的基础设施和工程的建设，如西气东输、西电东送、长江流域的水源保护、开发和利用等事务复杂，涉及利益较多，缺乏权威性的法律保障的调控主体而实施的调控行为难免会受到区域内政府或相应主体的质疑。除此之外，如若这样的调控主体因为各种原因出现了决策失误或是在执行政策和法律中基于不正当目的而侵犯了其他政府、组织和个人的合法权益，它是否需要赔偿？如果需要，将基于何种责任形式去赔偿？因此，负责中西部地区开发的调控主体，应当具备法律规定的相应的职权与职责。

2. 区域投资开发调控法的缺位及其实现的可能形式

2003年，《西部开发促进法》正式列入《十届全国人大常委会立法规划》，宣告专门规范西部地区投资开发的区域性发展法律——《西部开发促进法》进入立法议程。然而时至今日，《西部开发促进法》仍处于草案讨论中，在中央一级立法主体上，关于区域投资开发调控的法律仍是一片空白。湖北省人大常委会通过了《武汉城市圈资源节约型和环境友好型社会建设综合配套改革试验促进条例》，其中涉及中部地区区域投资开发调控问题。四川省人大制定的《四川省开发区管理条例》、西安市人大制定的《西安市国土开发整治管理条例》、陕西省人大制定的《陕西省煤炭石油天然气开发环境保护条例》等立法文件，均以较为零散的规范、内容调整的有限而无法担当构建区域投资开发调控法律体系的重任。

对于中西部地区的发展问题，中央政府先后制定了《"十五"西部开发总体规划》《中西部地区外商投资优势产业目录（2008年修订）》《国务院关于进一步推进西部大开发的若干意见》等政策性文件，对中西部地区的投资开发进行指导。然而，"如果不将这些政策、措施上升为法律和地方性法规，确保这些落后地区开发的措施就没有制度保障，区域发展的政策在实施过程中可能会变形，区域发展的目标就不可能实现"。[①] 即全国人大及其常委会应当以最高层次的立法保障这样一些国家层面的纲领性文件中的相关政策能够持续稳定地发挥效用，从而实现西部大开发与中部崛起的目标。

对于如何从法律层面上制定有针对性的法律法规，笔者认为，结合中央确定的对中西部两个欠发达地区开发的总目标，国家应当制定"特定区域开发法"比较妥当。一是根据国外区域投资开发的法治实践，区域投资开发调控中的立法主体一般都是采用特定区域开发立法的模式来规范特定区域中的投资开发行为活动，这样能够使得法律的约束力和执行力更有针对性。如美国国会通过一部《麻梭浅滩和田纳西流域开发法》之后，经过几十年的综合治理开发，终于使得田纳西流域的人均收入从不足美国平均水平的一半增长至全国平均水平；日本于20世纪60年代前后为振兴欠发达地区的科技、教育事业，先后颁布了《偏僻地区教育振兴法》《振兴欠发达地区特别措施法》《北海道开发法》等一系列的法律，使得落后区域的社会经济发展水平有了显著的提高。二是既然区域投资开发是针对欠发达地区的，这就表明这些欠发达地区发展问题具有特殊性，针对这些区域的实际情况制定相关法律就足以解决其发展问题。

[①] 陈寿华. 试论经济立法在促进区域发展中的作用 [J]. 常州工学院学报，2005（6）：62.

那么，我国欠发达的区域主要集中于中部地区和西部地区，就只需要专门针对这两个地区制定相应的区域投资开发法即可。

全国人大常委会在制定《西部开发促进法》及之后可能出台的"中部崛起促进法"之外，还可以针对中西部地区一些特别重要的事项制定相应的法律；作为重要的立法主体和调控主体，国务院应当在《西部开发促进法》和"中部崛起促进法"规定范围内制定若干规范区域投资开发的行政法规；作为中西部地区组成部分的各个省份或者由其联合，可以根据各省份或者跨省际区域的整体状况制定投资开发的各项法规或者规章；以及省会城市、较大的城市可以根据本省的法规和规章对本市的投资开发事项进行地方立法。需要说明的是，特定区域是根据经济区域的划分来确定的。这样的概念总是对比一个较大的区域范围来认定的。"区域是按一定标准划分的有限空间范围，空间范围可大可小，因而区域经济的概念也是指大小不等的地区经济"。[①]

这样一来，中西部省会城市、较大的城市对本区域投资开发的立法，中西部各省份对本区域投资开发的立法，中西部区域对共同经济事项的联合立法，以及中央立法主体对特定区域开发的立法，最终组成了我国区域投资开发调控立法的完整体系。各类立法文件，按照其效力等级，相互协调，相辅相成，在不同的区域范围内发挥规范和保障区域投资开发的功能。

三、软法层面区域投资开发调控的法治化

软法层面的区域投资开发调控，是指根据国家区域投资开发调控政策、区域间的行政协议以及有重要影响的社会相关组织的章程等对区域

---

① 袁孝宗. 试论区域经济协调发展的金融法调控 [J]. 法制与经济，2006（12）：61.

经济体内投资开发进行调控的一系列管理与自我管理的行为活动。这种意义上的调控，是不带强制性的，因而更加体现区域投资开发调控的灵活性与适应性。

（一）软法调控区域投资开发的主体

区域投资开发的调控主要是通过国家制定涉及区域投资开发的纲领性文件及制定相应的区域投资开发政策指导、作用于区域投资开发事务，区域间政府在执行国家区域投资开发政策过程中结合区域内特点制定相应政策，或者在区域间政府制定章程、协议，以及有重大影响的相关社会组织制定、推荐一些标准或章程给相应的企业等而组成的一个有层次、有规模的网络。软法调控区域投资开发的主体包括以下几个。

1. 中央政府和地方政府

区域投资开发的调控涉及区域经济发展的速度、质量和效益，它影响的不仅是区域一时的发展，而是区域的长期发展。不仅如此，财政政策、金融政策、税收政策以及投资政策等有的只能由中央政府制定和调整，有的是地方政府无法承担跨区域甚至全国性的运作。因此，区域投资开发调控的首要主体一为中央政府，二为地方政府。

2. 市场主体

市场主体主要包括国有企业、集体企业和其他形式的企业，以及具有一定市场参与度的个人。它是区域投资开发的调控中非常重要的一环，也是区域投资开发的调控中反应最为灵活的一个。市场主体不仅在区域投资开发中充当竞争性投资主体，以自身的市场经济行为带动区域投资潮流，还可以作为受控主体，也可以担当协商、反馈机制中的主体。

3. 社会中介组织

区域投资开发政策的有效实施必须有社会中介组织的积极参与。作为介于政府和市场主体之间从事服务、协调、评价等活动的非官办社会经济组织，其在很大程度上代替了政府原来的一些职能，但也并非政府机构的延伸，它是以其自身的重大影响和相关行业、相关领域的参与度、知名度履行社会组织的职责，发挥单独由政府或是市场主体无法体现的作用，积极从事区域投资开发的一些事务，有时候成为政府发起和主导的协商、反馈机制中的主体。

（二）软法调控区域投资开发的实施中若干问题

1. 区域投资开发政策是国家制定涉及区域投资开发的纲领性文件及制定相应的区域投资开发政策，以及区域间政府在执行国家区域投资开发政策过程中结合区域内特点制定相应政策等的一整套政策体系及其内部组合，其中主要包括区域财政政策、区域金融政策、区域税收政策、区域投资政策等。在区域投资开发调控中，这些政策与其他类型的区域政策相结合使用时，有可能会产生冲突，甚至这些区域投资开发政策之间也有冲突。因此要采用综合调控机制来消解冲突可能带来的影响。如中央政府在行使转移支付这一财政（税收）手段时，为中西部带来的资金存放于当地银行后，由于资金追逐较高利润的本性，在缺乏专门维护与保障中西部地区资金使用权益的特殊金融政策时，一般性的金融政策的实施很有可能就会将原本属于转移支付性资金的收益流向资金收益率较高的东部地区，甚至吞噬资金的本金。只有当各投资开发政策协调一致地发挥作用时，区域投资开发调控的最优目标才有可能实现。区域投资开发政策的内在机制决定了中央政府及地方政府在实施时必须综合运用，与此同时各部门协调一致行动，以尽可能减小投资开发政策各项内容的互逆作用，增大其合力，推动区域经济不断增长。

2. 区域投资开发政策实施过程中涉及中央与地方、地方政府与企业、地方政府与社会中介组织、企业与社会中介组织以及各区域地方政府等之间的关系，多元化的利益主体共存促使它们之间不断形成协商反馈机制。作为各利益主体的连接点,地方政府在实施区域投资开发政策时首先要处理好与中央政府的关系,其次要处理好与社会中介组织、市场经济主体之间的关系。地方政府决不可认为社会中介组织、市场经济主体是受控主体而忽视与它们建立一种良性的协商反馈机制。在国家目前面临的公共行政转型到公共治理的阶段,人们对政府的态度已经不再是置身事外的中立评价,而变成积极主动的接触合作,并从公共行政的外围走到了治理的中心,成为公共治理的参与主体、评价主体、实施主体,扮演着重要的角色。[①] 如市场主体对政策的反应直接地或通过社会中介组织间接地反馈到地方政府,使其在政策实施过程中不断调整方式、方法和手段,并为政策修订提供参考和建议。最后也要处理好与其他地方政府的关系。区域间经济联系的日益密切要求地方政府改变过去地方保护主义的做法,加强横向经济联合与交流,支持资金、技术、人才的跨地区流动,在区域合作与竞争中占据主动地位,充分发挥本地区优势,促进地区经济持续稳定地协调发展。

第三节 区域经济合作与扶助的法治化

即使中西部地区获得国家优惠政策的支持与法律的倾斜性保护,拥有丰富资源的中西部地区迎头赶上东部发达地区也不是指日可待的。而且,从国家整个宏观经济发展的角度来看,如果中西部地区落后于东部地区经济发展或者低于全国经济平均水平这种现象长期存在的话,东部

[①] 侯华楠. 合作行政:行政法新的认知模式 [D]. 济南:山东大学,2010.

地区自身的发展也会困难重重。因此,区域经济调控不仅需要产业结构调整和区域投资开发,也需要国家采取各种措施鼓励、指导东部地区与中西部地区之间进行各种形式的区域经济合作与扶助,以实现各区域的协调发展。在长期的发展历程中,东部地区需要将其部分产业和企业向外转移,从地理位置上看,中西部地区可以承接其中很大比例的产业和企业,或者利用各自的优势进行相互合作共同发展。在我国,社会主义的政治制度和经济制度要求东部发达地区对中西部地区进行各种形式的扶助,包括经济上的扶助。而东部地区一些企业在政府的要求和指导下对中西部地区的企业等进行经济扶助,虽然并不是完全经济意义上的行为,但是具体指导的政府和具体参与扶助的企业应该是基于长远的利益考量而做出的行为。

一、区域经济合作与扶助的内涵及其意义

(一) 区域经济合作的内涵及其意义

马克思曾指出:"一个民族的生产力发展水平,最明显地表现在民族分工的发展程度上。""这既包括部门、企业间和企业内部的分工,也包括把一定生产部门固定在国家一定地区的地域分工。"[①] 区域经济合作与扶助,主要指的是东部地区在国家政策的指导下与中西部地区进行的一种经济形式的交往。区域经济合作与扶助是以社会公平、地区公平为起点和最终标准的,即这种形式的活动应以社会利益为主要考量标准。其中在区域经济合作过程中对经济效益、经济效率的考量多一些,而在区域经济扶助过程中主要以社会公平、地区公平为标准。

---

① 马克思,恩格斯.马克思恩格斯选集:第一卷[M].中共中央马克思恩格斯列宁斯大林著译局,译.北京:人民出版社,1972:302.

1. 区域经济合作的内涵

本书所指的区域经济合作是一种狭义的区域经济合作，即东部发达地区与中西部欠发达地区通过有目的的安排利用各自优势的资源等进行经济合作。区域经济合作是指不同地区的经济主体（自然人、法人、经济组织、行业协会、地方政府）依据一定的协议章程或合同，以生产要素的移动和重新配置为主要内容，获取最大经济效益和社会效益而进行的较长期的经济协作活动。① 自然人、法人和其他经济组织作为区域经济合作的行为主体承担最主要的区域经济合作事项，政府主要是作为区域利益的最终代表与其他区域政府签订经济合作的协议、章程等，并指导区域经济合作的行为主体的行为活动。

2. 区域经济合作的意义

历史上，中西部地区为国家的建设贡献了很多资源，牺牲了发展的机会，很大程度上是为东部地区的发展贡献资源、牺牲机会。在东部地区与中西部地区差距仍然很大的情况下，国民经济的协调发展、社会和谐都受到了严重的影响。区域经济合作往往是通过合作双方共建、共营、共享项目而建立起来的，虽然合作周期较长一些，但是这样一种方式显然能够更直接地进入各方需要进入的区域并获得需要的生产要素，且在长期的合作过程中能够加强共识并带来更多的机会和其他资源。

(二) 区域扶助的内涵及其意义

1. 区域经济扶助的内涵

区域经济扶助源于我国长期以来实行的经济对口支援工作，是指东部地区无偿使用政府财政基金重点对中西部地区一些欠发达地区的公共设施进行投入，以维持这些地区生产和生活的基本需要，提升当地的生

---

① 孙海鸣，赵晓雷，上海财经大学.2003年中国区域经济发展报告：国内及国际区域合作［M］.上海：上海财经大学出版社，2003.

产和生活水平。

2. 区域经济扶助的意义

对于中西部一些社会经济非常落后的地区，自然资源、经济资源可能十分缺乏，或者由于交通不便等原因暂时无法与东部地区实现经济合作，只有以国家利益、社会效益为行动纲领和目标，由东部地区对中西部这些落后地区实施区域经济扶助，才能够维持这些地区生产和生活的基本需要，提升当地的生产和生活水平。而只有通过发达地区的经济扶助和其他形式的援助，国家才能够集中精力考虑宏观经济政策和社会政策的制定和实施。也正是有了这样形式的经济扶助，才能够表明整个国家和社会有长久发展和进步的趋势。

二、硬法层面区域经济合作与扶助的法治化

（一）区域经济合作与扶助的立法目的

区域经济合作与扶助要进行立法保障的原因在于，东部地区与中西部地区进行经济合作的形式比较多，有政府间通过合作协议进行资源开发及基础设施开发的项目建设，共同联系对外开放及流域经济开发的合作，以及推动加工贸易及流通领域全方位的合作等；有企业在其中采取承包、租赁、合资、并购重组、委托管理、技术创新等形式的经济合作；中间还有非营利组织等社会中介组织的沟通与联系。相关的立法机关应对此有专门的立法给予规范与保障，政府也应出台各种规章予以调控。在合作与扶助的跨越数省的广大区域间，各省立法机关更应协同立法，政府及其相关部门需要共同签订在区域间能够产生法律效力的协议、章程等。还有一个方面需要注意的是，在缺乏有法律约束力的区域规划的背景下，各地方政府往往从自身或本地利益出发，各行其是，在区域经

济重大问题方面缺乏统筹安排、合作意识不强的背景下,各地政府基础设施建设等盲目投资、重复建设的现象比比皆是。因此,加强区域经济合作的立法就能够在很大程度上既保障合作方的利益,也能够减少上述现象,引导资源、资金在区域间的更大范围内合理布局,流向更适宜发挥它们作用的领域去。

区域经济合作与扶助是东部地区与中西部地区之间的经济合作,以及对中西部欠发达地区的经济扶助。经济合作虽然可能涉及东部地区(如长江流域、珠江流域等流域范围的经济开发合作),但主要是在中西部地区范围内运作且产生效应;而经济扶助就是东部地区无偿对中西部欠发达地区进行扶持和援助,受益者完全是在中西部接受扶助的欠发达地区。因此,它必须以中西部地区这样一个特定区域作为其调控的空间范围,以区域内经济合作与扶助行为为其法律规范的对象范围。

(二) 区域经济合作与扶助法的主要内容

从区域经济合作与扶助法的制定和实施层面来看,区域经济合作与扶助法有立法主体、调控主体与受控主体;从区域经济合作与扶助法的范围来看,分为中部经济区和西部经济区;从区域经济合作与扶助法的内容来看,分为区域经济合作法律制度与区域经济扶助法律制度。下面主要就其法律的制定和实施层面进行论述。

1. 区域经济合作与扶助法的立法主体、调控主体与受控主体

从理论上结合立法法的规定来看,区域经济合作与扶助法的立法主体在中央一级的有全国人大及其常委会、国务院,它们针对区域经济合作和扶助事项制定法律与行政法规,不过即使制定了专门规范区域经济合作与扶助事项的法律与行政法规,对于实践中繁杂的东部地区与中西部地区之间的经济合作与扶助行为,这样的法律与法规也是不足的,而且无法针对许多具体的行为活动制定太多具体的规定和行为细则。因此,区域经济合

作与扶助法的立法主体应当落实在省级立法机关。省级立法机关可以结合本地区的具体情况制定一些专门的地方法规，或者在一些经济法规中规范有关区域经济合作与扶助的事项，再或者与其他省级立法机关联合立法，争取在更高层面上对跨区域的经济合作与扶助事项进行法律调控。

在实践中，有多种力量在不同程度上直接或间接参与区域经济合作与扶助法的实施，因而形成了多元化的实施主体：一是主导区域经济合作与扶助法在该区域内实施的地方政府；二是依据政府授权负责区域经济合作与扶助法的组织实施及相关事务处理的部门与机构，如发改委、经贸委等；三是受政府或相关部门或机构委托影响区域经济合作与扶助的社会组织与团体。这三类实施主体中，政府为主要的实施主体，因此区域经济合作与扶助能否法治化主要是看政府实施区域经济合作与扶助的过程是否具有法律法规依据。区域经济合作与扶助法的受控主体主要指各类企业。政府运用区域经济合作与扶助的各项政策与法律去指导、带动区域内各企业加强跨区域的经济合作与扶助，企业将选择接受这样的调控手段与方式，并以自身的行动反映区域经济合作与扶助的社会效益应当如何去创造与体现。

开展区域合作与扶助时，具体的东部地区政府应当与具体另一方的中西部地区政府就合作或者扶助事项设立一个机构，负责对双方的合作或者扶助事项进行协调、组织、沟通及特定事务的管理等并获得双方立法机关的明确授权。因为从东部地区到中西部地区合作的涉及基础设施开发合作、流域经济开发合作等大范围跨区域的合作项目、系统等，如西气东输、西电东送、长江流域的港口建设和运输等项目事务复杂，涉及利益较多，需要一些统一的、权威的、共同认可的调控主体进行调控，并具备法律规定的相应的职权与职责。

2. 区域经济合作与扶助的模式

在东部地区与中西部地区进行经济合作的领域主要有资源开发合作

(东部与中西部企业联合开发中西部优势资源,促进特色产业对接)、"三来一补"加工贸易合作(合作方在原材料来源、加工生产及商品销售的全过程开展合作)、基础设施开发合作、智力开发合作、对外开放的合作。在流通领域的合作及流域经济开发合作[①]实践中,东部地区与西部地区区域经济合作发展有三种比较成功的创新模式:①流域经济一体化的合作模式。这种模式是以长江、黄河、珠江水系为轴,以河流为纽带,通过这三大流域轴线开发使经济一体化,以此来推动东部经济向西部辐射,支持西部开发。②工业园区的合作模式。这种模式主要是指东部发达经济地区有实力的大企业、大集团在西部地区投资设立"工业园",并以此作为载体进行开发发展,从而实施区域经济合作。③宁夏华西村的合作模式。宁夏华西村是1996年由江苏华西村帮扶建设的扶贫移民新村。这种模式是东部经济发达省市将资金集中投入到某个项目即帮扶移民新村的建设上,通过该项目"滚雪球"式地吸纳其他更多资金的投资,产生集聚效应。[②]

对于区域经济扶助来说,因为采取的是单向且无偿的经济输入,其资金、物资和人力的输送渠道可以有多种形式,所以其扶助模式上不必追求变化。在实践中,国家以及全国各地在中央政府的指令下多年以来持续不断地对西藏地区进行支援,极大地促进了西藏地区经济、社会、科技、教育、医疗等各项事业各个方面的进步与发展,这就是一个很好的标杆及最具深度的扶助模式。

无论东部地区与中西部地区采用何种模式进行经济合作,政府、社会中介组织、市场主体等都不应由区域经济合作的法律、政策等加以较多具体而严格的职责、义务。因为虽然有社会利益这样的最高标准,各

[①] 卫鹏鹏.中国区域经济协调发展机制研究[M].武汉:中国地质大学出版社,2009:91-94.

[②] 孙海鸣,越晓雷,上海财经大学.2003年中国区域经济发展报告:国内及国际区域合作[M].上海:上海财经大学出版社,2003:321-324.

方进行的合作是具有典型意义的市场经济行为,但如果要达到最终促进中西部地区的经济不断增长,社会不断发展,各方的合作领域就需要有广阔的空间,企业合作的经营方式就更要层次丰富、形式多样。而对于政府或是企业违反法律原则,侵害其他政府、企业权益的情形,可以通过行政法律、民事法律和经济法律甚至刑事法律相关条款加以制裁。

(三) 区域经济合作与扶助法的不足

当前,我国还没有专门规范区域经济合作与扶助的法律法规,一些涉及东部地区与中西部地区经济合作及经济扶助的法律法规也没有结合这种特殊的经济合作形式与模式制定有针对性的具体的条款,因此,从总体上说,我国的区域经济合作与扶助法是缺位的。如果要更好地调控区域经济合作和扶助,应当从中央到地方制定专门的区域经济合作和扶助法,或者完善涉及东部地区与中西部地区经济合作及经济扶助的法律法规。全国人大常委会在制定"区域经济合作法""区域经济扶助法"之外,可以针对其中一些特别重要的事项制定相应的法律;作为重要的立法主体和调控主体,国务院应当在上述两项法律规定范围内制定若干规范区域经济合作与扶助的行政法规;作为东部地区与中西部地区组成部分的各个省份或者由其联合,可以根据各省份或者跨省际区域的整体状况制定区域经济合作与扶助的各项法规或者规章;以及省会城市、较大的城市可以根据本省的法规和规章对本市的投资开发事项进行地方立法。各类立法文件,按照其效力等级,相互协调,相辅相成,在不同的区域范围内发挥规范和保障区域经济合作与扶助的功能。

需要注意的是,虽然对中西部经济合作往往涉及政府资源和公共资源的调动,需要政府及其部门的指导和介入,而且这样的经济合作最终的目标及标准是注重社会利益、追求社会公平,但这并不代表经济合作只能以政府为主导,企业和其他市场主体只能听从政府的安排。因此,区域经济合作与扶助法的制定要明确体现市场主体作为经济合作主导者和主要成员地位，政府及其相关部门和社会中介组织作为协调者和组织者去引导、监督这种经济合作过程和成果的框架与模式，并确立各自的权利（权力、职权）和义务（职责）。

三、软法层面区域经济合作与扶助的法治化

软法层面的区域经济合作与扶助调控，是指根据国家区域经济合作与扶助调控政策、区域间的行政协议以及有重要影响的社会相关组织的章程等对区域经济合作与扶助进行调控的一系列管理与自我管理的行为活动。这种意义上的调控，是不带强制性的，因而更能体现区域经济合作与扶助调控的灵活性与适应性。

（一）软法调控区域经济合作与扶助的主体

区域经济合作与扶助的调控主要是通过国家制定涉及区域经济合作与扶助的纲领性文件及制定相应的区域经济合作与扶助政策指导、作用于区域经济合作与扶助事务，区域间政府在执行国家区域经济合作与扶助政策过程中结合区域内特点制定相应的政策，或者由区域间政府联合制定章程、协议，以及有重大影响的相关社会中介组织制定、推荐一些宣言或章程给相应的企业等而组成的一个有层次、有规模的网络。软法调控区域经济合作与扶助的主体包括以下三个。

1. 中央政府和地方政府

区域经济合作与扶助的调控涉及中西部地区区域经济发展的速度、质量和效益，并可能影响到东部地区经济发展；它影响的不仅是区域一时的发展，而是区域的长期发展。不仅如此，很多关乎宏观经济的政策只能由中央政府制定和调整，有的事项是地方政府无法承担跨区域甚至

全国性的运作,或者需要中央政府的大力支持,因此,区域经济合作与扶助的调控的首要主体一为中央政府,二为地方政府。

2. 市场主体

市场主体主要包括国有企业、集体企业和其他形式的企业,以及具有一定市场参与度的个人。它是区域经济合作与扶助的调控中非常重要的一环,也是区域经济合作与扶助的调控中反应最为灵活的一个。由于其优势与特点,市场主体应当担当协商、反馈机制中具有相当话语权的一个主体,积极地反映政策、协议、章程等实施的效果。

3. 社会中介组织

区域经济合作与扶助政策的有效实施必须有社会中介组织的积极参与。作为介于政府和市场主体之间从事服务、协调、评价等活动的非官办社会经济组织,其在很大程度上代替了政府原来的一些职能,但这也并非政府机构的延伸,而是以其自身的重大影响和相关行业、相关领域的参与度、知名度履行社会组织的职责,发挥单独由政府或是市场主体无法体现的作用,积极从事区域经济合作与扶助的一些事务,有时候甚至成为政府发起和主导的协商、反馈机制中的主体。

(二) 软法调控区域经济合作与扶助的实施中若干问题

区域经济合作与扶助是以社会效益为最高标准、以社会公平为最终目标的经济行为和活动,因此,相关政策、协议、章程等既要保障其中经济效益合法合理的获取,为其提供各种机制便利与渠道的畅通,也要明确各种行为活动背后社会利益、社会公平标准。为此,政府之间、社会中介组织之间、市场主体之间,以及政府、社会中介组织和市场主体之间,无论是区域内的,还是跨区域的,都需要增进交流与沟通。

1. 区域经济合作与扶助,首先要构建区域经济合作协商机制,处理经济合作可能发生的信息交换障碍和争端等问题。如泛珠三角区域已建立了区域合作首长联席会议制度、区域合作政府秘书长协调制度、区域合作日常工作办公室工作制度和区域合作部门衔接落实制度等区域合作交流和协调机制。不过，这些制度没有进一步明确规定各方建立协商机制的一些具体的程序与规则并将其真正作为一种长效机制而制度化，即软法的硬化。即用立法的方式明确规定行政首长联席会和经济协调会等会议的组成与召集、会议的议事规则、决议的效力以及区域合作组织机构（包括办事机构）的设置及其职责等。① 缺乏区域经济合作协商机制，就如同机器缺乏传送带、润滑剂等能够带动、推动机器持续平稳运转一样，从政府到企业都无法平衡地考虑对方的利益、整体的利益，从而使得自身的利益遭受损失或者不能够更好地实现。

2. 区域经济合作与扶助政策实施过程中涉及多重关系，多元化的利益主体共存促使它们之间不断形成协商反馈机制。作为各利益主体的连接点，地方政府在实施区域经济合作与扶助政策时首先要处理好与中央政府的关系，其次要处理好与社会中介组织、市场经济主体之间的关系，并与它们建立一种良性的协商反馈机制。如市场主体对政策的反应直接地或通过社会中介组织间接地反馈到地方政府，使其在政策实施过程中不断调整方式、方法和手段，并为政策修订提供参考和建议。最后也要处理好与其他地方政府的关系。东部地区通过一些合作形式进入中西部地区进行投资、承包、委托管理时，因该地区相对封闭而缺少沿海地区已较为成熟的市场经济意识和行为方式，很有可能遭遇当地政府的阻碍。因此，除了加强沟通、协商及事后的反馈之外，政府间应当建立区域经济合作争端解决机制，如协商、调解，甚至借助国家级的仲裁机关进行仲裁，省际之间也可以考虑建立共同的仲裁机构解决这类问题。

---

① 殷洁. 区域经济法论纲 [D]. 济南：华东政法大学，2008.

第六章

我国区域经济调控法治化的具体实践

在前面五章,我们论述了区域经济调控法治化的基本理论,并从宏观与微观的视角分析了软硬法在区域经济调控法治化中的具体问题,从体系上来说,我们已经完成了对区域经济调控法治化的构建与运用,但是作为一些具体实践,还有待进一步分析。本章就是对区域经济调控法治化问题的具体分析。为使研究方向更加明确,我们从东部和中部经济区中选择了三个具有代表性的区域经济体,即珠江三角洲、长株潭经济区、武汉城市经济圈,因为这三个经济体在一定程度上能反映出我国在调控区域经济法治实践中在软硬法两方面的探索路径。

第一节 珠三角区域调控的法治实践

一、珠三角区域基本概况及其一体化的历程

(一) 珠三角区域基本概况

珠三角,从地理学的角度来看是指粤江平原,它位于中国广东省东

<<< 第六章 我国区域经济调控法治化的具体实践

部沿海,因西江、北江和东江共同冲积形成的放射形汊道的三角洲,从形状上看呈倒置三角形,底边是西起三水区、广州市,东到石龙为止的一线,顶点在崖门湾,总面积约1.1万平方千米。

从区域经济学的角度来看,它最初是指由广州、深圳、佛山、珠海、东莞、中山6座城市及惠州、清远、肇庆三市的一部分组成的经济区域。但随着改革开放的深入和市场经济的进一步发展,珠三角的范围和内涵不断发生变化,自1994年10月8日广东省委七届三次全会上首次提出珠三角概念以来,至今已形成了小珠三角、大珠三角和泛珠三角等几个不同的提法。所谓小珠三角(俗称"珠三角"),是指由珠江沿岸的广州、深圳、佛山、珠海、东莞、中山、惠州、江门、肇庆9个城市组成的区域,该区域面积为24437平方公里,不到广东省国土面积的14%,人口4283万人,占广东省人口的61%。2008年"小珠三角"GDP总值达29745.58亿元(4342.843亿美元),占全国GDP的10%。所谓大珠三角,一般有两层含义:一是指"小珠三角"+港澳地区,二是指粤港澳三地。按照通说,大珠三角就是指广东、香港、澳门三地构成的区域。大珠三角面积18.1万平方公里,户籍总人口8679万,2008年GDP总值为6650亿美元。泛珠三角的含义则更广,它包括福建、江西、广西、海南、湖南、四川、云南、贵州和广东9省区,以及香港、澳门2个特别行政区,简称"9+2"。泛珠三角面积200.6万平方公里,户籍总人口45698万,GDP总值52605.7亿元(6356亿美元)。其中,9省区面积占全国的20.9%,人口占全国的34.8%,2003年GDP总值占全国的33.3%,成为拉动我国特别是东部沿海地区改革开放和经济社会发展的重要一极。本书所称的珠三角区域主要指小珠三角区域,同时兼顾论及大珠三角及泛珠三角。

147

(二) 珠三角区域一体化的历程

自1994年首次提出"珠三角"概念以来，珠三角经济区域一体化发展遇到了一些突出的矛盾和问题，其中影响进一步发展的最大因素和障碍就是行政区划壁垒。主要表现为以下情况：区域内各自为政、产业雷同、市场分割、恶性竞争现象严重；能源资源开发利用和环境保护缺乏相互协调；城市规划不能相互衔接，基础设施很难共建共享；社会公共事务管理无法协作统筹等，这些情况造成了区域内生产要素资源的巨大浪费，严重阻碍了珠三角地区进一步的协调、有序和可持续发展。为推动珠三角区域一体化发展，广东省委、省政府从整合资源要素入手，大胆创新、锐意改革，不断破除影响珠三角一体过程中的体制机制障碍。

一是成立领导小组，加强珠三角一体化的组织领导。首先，广东省政府专门成立了由省长担任组长、常务副省长为常务副组长，两位有关副省长以及广州、深圳市市长任副组长，省委、省政府有关部门和珠三角其他市市长为成员的领导小组，统一指挥、统筹协调珠三角一体化过程中出现的最基本、最紧迫、最突出、最重大的问题。随后，各市政府的专门领导小组相继成立，严格执行省级领导小组工作的各项决策、命令。领导小组的成立，有利于打破珠三角区域一体化中的行政壁垒，克服产业雷同、恶性竞争的现象。

二是编制珠三角一体化发展规划，明确一体化发展的着力点。为打造基础设施、产业发展、环保生态、城市规划和公共服务"五个一体化"，广东省专门组织编制了"珠江三角洲五个一体化发展专项规划"，使珠三角一体化有了明确的发展方向。此外，根据珠三角9城市的发展基础、城市功能和区域位置的不同，广东省提出了在广东中部、珠江口西岸和东岸分别打造以广州为核心的广佛肇、以深圳为核心的深莞惠、以珠海为核心的珠中江"三大经济圈"，从不同角度搭建"一市带两市、三市成一圈、三圈为一体"的珠三角区域一体化发展的整体格局。

三是以交通和公共服务均等化为突破口,为珠三角一体打下坚实基础。交通一体化方面,重点推进了珠三角城际轨道系统、公路、水电油气管网等一体化建设,打造一小时经济圈。公共服务方面,围绕公共教育、公共卫生医疗、公共交通、生活保障、就业保障等10项基本公共服务,探索和建立覆盖城乡、功能完善、分布合理的一体化的体系、制度和机制,在基本实现各市内部城乡和县、市、区之间基本公共服务的均等化的基础上,逐步推进各市之间基本公共服务制度和机制的对接。以医疗卫生一体化为例,珠三角地区的广州、佛山、肇庆三市23家医院实现检验结果互认,深圳、东莞、惠州实施医疗卫生服务"一证通"等互联互认工程,积极探索异地结算,实行三甲医院检验结果互认等。

四是举办多种论坛、联席会议、研讨会,共谋共建珠三角发展。2005年3月,在广东江门市召开了"泛珠三角区域信息化合作专项规划（2006—2010）"工作研讨会,专门研究专项规划的编制工作。同年的7月25日第二届泛珠三角区域合作与发展论坛和首届泛珠三角区域行政首长联席会议在成都举行,与会各方达成了五个共识:以人为本、重在富民;互利互惠、共同发展;政府引导、企业为主;形成合力、扩大开放;密切合作、务实推进。论坛从国家层面深化了泛珠三角区域发展构想,明确了合作重点,健全了合作机制,同时审议通过了《泛珠三角区域合作发展规划纲要》,此外,"9+2"各方行政首长签署了首届泛珠三角区域行政首长联席会议纪要。

至此,珠三角一体化发展有了坚实的基础。尤其是2009年1月6日起正式实施的《珠江三角洲地区改革发展规划纲要（2008—2020）》,标志着珠三角地区的发展进入新的局面。自规划纲要实施以来,以粤港澳合作为特点的大珠三角步入发展佳境。粤港澳三方正在共同编制"基础设施建设"和"共建优质生活圈"两个专项合作规划，重点推进基础设施、产业合作、环保和教育等四方面合作工作。同时，粤港澳三方正联合推进深圳前后海地区、深港河套地区和珠海横琴新区开发建设，构建大珠三角都市圈。

此外，粤港澳跨境重大基础设施建设进展顺利，港珠澳大桥、广深港高速铁路等项目建设和前期工作正在加快推进。展望未来，一个分工合作、优势互补、全球最具核心竞争力的大珠三角经济圈必将成为世界上最具创新活力和竞争力的地区。

二、珠三角区域调控的软硬法实践

（一）珠三角区域调控的软法实践

珠三角区域一体化软法调控主要是通过一系列行政协议的方式进行的。这些行政协议可以分为三个层面。

一是小珠三角层面的软法实践。以广佛同城化为例，两市签订《同城化建设合作框架协议》及城市规划、交通基础设施、环境保护、产业协作等4项专题协议，编制出台了《广佛同城化发展规划（2009—2020）》，以加快重大基础设施对接和重点协调区域建设为突破口，拓宽合作领域，优化资源配置，探索同城化发展的新模式、新举措和新机制，全面构建城市规划统筹协调、基础设施共建共享、产业发展合作共赢、公共事务协作管理的同城化发展新格局。合作范围涵盖亚运合作、交界道路网对接、产业协作、金融服务等多个领域，发挥了积极的先行示范与辐射带动作用。到目前为止，两市已经签署包括整体框架协议在内的20多项合作协议，基本涵盖经济社会发展的各个领域。

二是大珠三角层面的软法实践。为推动粤港澳三地经济一体化，形成大珠三角之间联动发展的局面，三地政府及其部门之间签订了多种软法性质的协议。2004年广东省科技厅与澳门科技委员会签署了《粤澳科技合作协议》，香港律政司与深圳市司法局签订了《香港深圳法律服务合作协议书》，2010年粤港政府签订了《粤港合作框架协议》。此外，国家也在积极支持三地的合作。自2003年以来，中央政府与港澳政府先后签署了《内地与香港关于建立更加紧密经贸关系的安排》《内地与澳门关于建立更紧密经贸关系的安排》，此后的六年里又分别签署了CEPA的六个补充协议，加深了两地经济的融合力度，推进了内地的改革和宏观经济环境，扩大了对香港和澳门的开放。

三是泛珠三角层面的软法实践。建立了泛珠三角合作信息平台，签订了多层次、多范围的泛珠三角合作协议。2004年泛珠三角"9+2"政府之间签订了《泛珠三角区域合作框架协议》，为泛珠三角发展提供了依据。此后在该框架协议的指引下，泛珠三角各部门签署了多种协议。2005年签署了《泛珠三角区域中心城市科技咨询合作框架协议》《泛珠三角区域整规工作合作协议书》《泛珠三角九省劳务合作协议》《泛珠三角区域海关联合宣言》等。这些协议或宣言，规定了各方合作宗旨、合作原则及合作要求，明确了合作的主要领域，有力地推动了泛珠三角的合作向纵深方面发展。

（二）珠三角区域调控的硬法实践

为使珠三角区域一体化调控更加规范化，在国家的重视和支持下，广东省积极推动珠三角发展规划上升到地方性法规或政府规章层面，从而为珠三角区域一体化提供法律支撑。为落实《珠江三角洲地区改革发展规划纲要（2008—2020）》，广东省人大、省政府通过了一系地方法规和规章。

一是由广东省人大常委会审议通过的《珠江三角洲环保规划纲要

（2004—2020年）》。在该环保规划中提出了优化空间布局、实施生态分级控制、引导持续发展、调整给水排水格局、保障环境安全、完善管理政策机制等战略任务和措施，对于经济发达地区和城市群环保规划研究具有较好的借鉴作用。

二是通过了一系列政府规章。（1）2004年12月通过《珠江三角洲城镇群协调发展规划（2004—2020）》。规划中提出要将珠江三角洲建设成"重要的世界制造业基地和充满生机活力的世界级城镇群"。（2）2010年5月通过《珠江三角洲基础设施建设一体化规划》，提出对珠三角地区交通、能源、水资源和信息等方面的基础设施要从区域整体上进行统筹规划，要在更高层次和更大空间上发挥交通、能源、水资源、信息等基础设施对经济社会发展的支撑和带动作用，努力实现互联互通、共建共享，逐步建立和完善重大基础设施一体化体系。（3）2010年5月，广东省政府审议通过了《珠江三角洲地区产业布局一体化规划》，提出了珠三角地区未来产业发展的方向和重点，包括现代服务业、先进制造业、高技术产业、优势传统产业和现代农业等5大领域和30个产业的"530"产业体系。（4）2010年制定了《珠江三角洲地区基本公共服务一体化规划》，提出要打破珠三角行政区划壁垒和障碍，在珠三角形成一个有利于资源要素有效配置和自由流动的体制环境，使珠三角地区公民所享受到的基本公共服务能够突破行政区划的界限，逐步实现对接共享，并最终达到统一标准。（5）2010年通过了《珠江三角洲环境保护一体化规划》，提出坚持以人为本、环境优先，以创新体制机制和政策措施为先导，以环境优化经济发展为主线，以解决跨界水污染和区域性大气复合污染为突破口，以构建生态安全格局和共建环境基础设施为支撑，以统一环境监管为手段，努力推进区域环境保护一体化，为区域经济发展一体化提供环境保障。

第二节　长株潭经济区域调控的法治实践

一、长株潭经济区的基本概况及一体化的探索

（一）长株潭经济区的基本概况

长株潭经济区位于湖南省中东部，主要包括长沙、株洲、湘潭三市（以下简称"三市"）。三市位于湘江下游并沿湘江呈"品"字形分布，两两相距不足40公里，结构紧凑，是湖南省经济发展的核心增长极。在2007年被国务院批准成立全国两型社会建设综合配套改革试验区后，三市成为中部六省城市群建设的先行者，被誉为"中国第一个自觉进行区域经济一体化实验的案例"。

根据规划，长株潭经济区划分为四大类功能分区，即禁止开发区、限制开发区、重点开发区和优先开发区。规划对三市演进确立了具体时间表：一是在近期（2002—2010）打造以长沙中心城区、湘潭城区、株洲城区为核心，采取局部内涵式的紧凑集中发展，引导有序外延，重点建设三市各自环线、三市间公路外环、潭望高速公路等基础设施建设项目。推动湘潭—株洲联合发展，搞好湘潭和株洲的路网衔接和空间隔离，预留三核中间地带的发展空间，为未来多种发展模式提供可能性。二是在远期（2011—2020）发展方向是：长沙向东发展，并加快向南发展；湘潭向北发展，兼顾向东；株洲主要向河西发展，搞好与湘潭的路网和绿色空间的衔接，适度向北营造三核相向发展的演进态势和空间框架，

在三核中间地带开辟文化娱乐、旅游度假和生态保护区域,并保留三核中间地带与三市原中心城区的隔离空间。三是在远景(2021—2050)规划中,三市逐步形成具有良好生态环境为背景的绿心,并在中间镶嵌若干高品质的新型城市功能区。

(二) 长株潭经济区一体化的探索历程

长株潭经济区的形成及其一体化的诞生,可以说是一个漫长而又艰难的过程。20世纪50年代,曾有三市合一建"毛泽东城"的构想,后来由于种种原因未能付诸实施;改革开放之初几年间,全国各地都在争相发展经济,对于经济学家张萍来说,她在思考着湖南未来的发展方向。经过仔细的调研,凭着经济学家的敏锐,1982年12月,她的"把长沙、株洲、湘潭在经济上联结起来,融到一块儿,逐步形成湖南的综合经济中心"提案正式提交给湖南省政协四届六次会议。从此,长株潭一体化第一次进入湖南省决策层的视野。经过进一步调研,她于1984年7月撰写了《关于建立长株潭经济区的方案》。同年11月,湖南省委常委会议讨论了方案,并且形成了《关于建立长株潭三市经济区的问题》的会议纪要,正式启动了长株潭经济区的建设,会议纪要中将经济区定义为:它不是一级行政层次,而是打破行政区划,把横向的经济联系用网络联结起来的经济联合体。1985年1月,在湖南省政府和长株潭三市政府共同出资购买的四套商品房里,长株潭规划办公室成立,办公人员也分别由省市政府四方派出,张萍为第一任主任。长株潭规划办整理出需要联合开发的十大工程,分别涉及金融、交通、统一电话的区号、三地电厂的扩容、统一三地的城市规划、共同治理环境污染,以及在三市结合部联合建立开发区和进行企业整合等。正当张萍和同事准备大干一场时,湖南省内出现了众多的反对声音,很多人认为,长株潭已经是湖南最富裕的区域,省政府的政策不应该再向长株潭倾斜。迫于形势,1987年5

月,张萍正式提出辞呈,离开了长株潭规划办公室。从此长株潭一体化消失在省政府的视野中。

随着国内经济形势的变化和其他经济区域中心的形成,十年之后,湖南省委、省政府主要领导主持召开了长株潭三市领导和省直有关部门领导参加的"长株潭座谈会",成立长株潭经济一体化协调领导小组,由时任省委副书记(后任省长)储波担任组长。与第一次由联合开发大项目入手不同,第二次启动站在了更高的起点上——由"总体规划"启动。从此之后,长株潭经济区一体化步入稳健发展阶段。

二、长株潭经济区调控的软硬法实践

(一) 长株潭经济区调控的软法实践

为推动长株潭经济一体化,湖南省有关部门在没有国家法律法规或地方性法规规章出台的情况下进行不断的软法方面的探索,这些软法探索的实践,有力地促进了长株潭经济区的建设。

一是探索三市区域行政磋商机制。所谓区域行政磋商机制,是指区域政府主体为处理公共事务进行沟通、研讨、商议和决策的协商性制度平台。长株潭三市在公共事务问题上一直在进行探索,以在长株潭三市计划实现交通同环、电力同网、金融同城、信息共享、环境共治即"五同规划"为例,三市的政府主体自1998年开始就由湖南省计委牵头组织相关部门进行调研、规划。经过近十年的努力,至2006年年底,已经实现了四同,最后一个未能完全实施的是环境同治,但是现也已纳入正式日程。2006年湖南省政府组织编制了《长株潭环境同治规划》,出台了共同的产业环境准入与退出政策,在省环保局组建了专司三市环境监测的执法大队,下发了对三市政府的环境同治考核指标。当年湖南省还陆续实施了四个"一"政策：同一个规划，同一个财政政策，同一个关于环保的政绩考核标准，同一支环保执法队伍。该年年底，湖南省调整了"五同规划"的部分内容，将电力同网改为能源同体，将金融同城改为生态同建。这种以政府部门为主体，推动区域内公共事务协商解决的软法实践，很好地解决了硬法缺位情况下的各种难题。

二是制定了《长株潭城市群区域规划》。为加快长株潭城市一体化的建设步伐，使三市成为湖南经济发展的引擎，2005年湖南省人民政府制定了《长株潭城市群区域规划》，并经省十届人大常委会第29次会议审议通过，为长株潭及其181个中心镇的建设和发展规划出了蓝图。该规划的出台，有力地促进了长株潭城市经济区的发展。

三是签订各类合作协议。2006年，湖南省召开了第一届长株潭三市党政领导联席会议。三地的书记、市长共同签署了《长株潭区域合作框架协议》，审议通过了《长株潭三市党政领导联席会议议事规则》，签署了《长株潭工业合作协议》《长株潭科技合作协议》《长株潭环保合作协议》。这些软法性质的合作协议，对于推动长株潭经济一体化工作正常化、合作规范化具有重要的现实意义，它标志着长株潭区域一体化的正式开端。协议中规定的统一协调机制，必将促成三市在经济一体化快速发展。此外，部省合作共建协议也有所发展。2010年1月6日，民政部与湖南省人民政府签订了《部省共同推进长株潭（3+5）城市群"两型社会"民政事业改革发展合作协议》。协议指出，民政部将从八个方面全力助推长株潭（3+5）城市群"两型社会"民政事业改革发展，包括加强城乡社区建设，打造"两型社会"建设的基础平台；增强社会组织服务"两型社会"建设功能；加强自然灾害应急救援体系建设；加强对产业转型升级中困难职工的生活救助；推进绿色殡葬事业发展；推动优化行政区划格局；加强社会工作人才队伍和城乡社区志愿者队伍建设；进一步加快社会福利事业发展,推进优抚安置服务机制创新。协议的签署有力地促进了长株潭城市群及"两型社会"的建设。

以上区域软法性质的实践,推动了长株潭三大城市群的发展、融合,其优势互补、合作共赢的局面已然显现:长沙市形成了以电子信息、机械制造、食品加工、生物医药、新材料等为主体的产业体系中心;株洲市形成了以交通运输设备制造、有色金属等制品为主体的产业体系中心;湘潭市则形成了以黑色冶金、机电及机械制造等为主体的产业体系中心。湖南省统计局数据显示,自长株潭经济一体化战略实施以来,长株潭已成湖南经济发展的引擎。

(二) 长株潭经济区调控的硬法实践

尽管软法调控给长株潭三市经济带来了快速的增长,但是仍不可忽视隐藏在其背后的一些机制性问题和瓶颈。例如,当前三市的发展战略仍不协调,长沙市重点发展城北河西新城和星马新城,株洲重点发展河西高新区,这种各自为战的发展模式带来了"长沙拓南难进,株洲往北难伸,湘潭独臂难撑"的局面,同时也减缓了三市各类资源整合的速度。因此必须诉诸三市经济区调控的硬法,只有把调控方式上升为法律法规,才能克服软法调控的种种不足,才能通过制度建设来保证要素自由流动,推动长株潭区域经济一体化的实现。

2007年5月29日,湖南省发改委等部门向湖南省第十届人大常委会第二十七次会议提交了《湖南省长株潭城市区域规划条例(草案)》(简称《条例草案》),并提请审议。2007年9月29日,湖南省第十届人民代表大会常务委员会第二十九次会议通过了《湖南省长株潭城市群区域规划条例》(简称《条例》),自2008年1月1日起开始施行。《条例》的通过和正式实施,使得困扰长株潭城市发展的法律瓶颈得以突破,标志着长株潭区域经济发展进入法治化的轨道。作为推动长株潭经济区发展的硬法，《条例》明确了长株潭经济区的调控主体，规定了各自的职责，同时也对责任机制进行了明确的规定。

一是明确了区域规划方面的内容。《条例》相关条款指出，长株潭城市群区域规划是长株潭城市群协调发展的综合性总体规划，是统筹区域各项建设、指导制定区域相关专项规划和市域规划的基本依据。该条款为长株潭城市群总体规划与各市具体规划进行了定位，即城市群区域规划与三市规划的关系是整体与局部、上位与下位的关系。此外，《条例》还规定，各城市不得擅自建设具有区域性影响的项目，如擅建项目，将被责令改正、叫停。由此可知，在长株潭三市内建有污染的项目、大型交通航运枢纽选址等有区域性影响的重大项目，不再仅由长株潭三市说了算，而是由湖南省直有关部门、长株潭三市人民政府就选址意见协商一致后，再由湖南省长株潭一体化工作机构提出是否符合区域规划的意见。

二是明确了区域规划的调控主体。《条例》第四条规定湖南省人民政府是负责组织长株潭城市群区域规划的编制、调整和实施的主体，同时监督三市政府实施长株潭城市群区域规划，并协调和决定长株潭城市群区域规划实施中的重大事项。第五条规定了三市政府负责各自行政区域内长株潭城市群区域规划的实施职责，并且要定期向省人民政府报告长株潭城市群区域规划实施情况。省人民政府发展和改革部门负责长株潭城市群区域规划编制、实施和监督管理工作，省人民政府的国土资源、建设、经济、交通、环境保护、水利、林业等部门应当按照职责分工，根据长株潭城市群区域规划编制长株潭城市群区域各类专项规划，并做好实施和监督管理的有关工作。从以上规定来看，可以推出长株潭区域规划的调控主体有：湖南省人民政府、长株潭三市的人民政府、湖南省发展和改革委员会以及湖南省的国土资源、建设、经济、交通、环境保护、水利、林业等部门。明确调控主体有利于区域规划的推行，更能使各部门承担在区域经济发展中的职责。

三是规定了利益补偿机制和责任追究办法。《条例》把长株潭城市群划分为可以开发区域、禁止开发区域和限制开发区域，尤其是对禁止开发区域，明确规定应当实行利益补偿，从而激励了相关单位和个人保护生态区、水域、绿地等的积极性。更为重要的是，《条例》确立了责任追究办法，如对违反第十三条至第十六条规定的，先由省人民政府责令限期改正；造成严重后果或逾期未改正的，要对直接负责的主管人员和其他直接责任人员给予行政处分；构成犯罪的，要依法追究刑事责任。责任机制的建立，使区域规划不再流于形式，更利于《条例》的规范操作。

第三节 武汉城市经济圈调控的法治实践

一、武汉城市经济圈调控的基本概况及其探索

（一）武汉城市经济圈的基本概况

武汉城市经济圈是指以武汉为圆心，周边100公里范围内的黄石、鄂州、黄冈、孝感、咸宁、仙桃、潜江、天门等8个城市构成的区域经济联合体。2004年武汉城市圈人口占全省的50.4%，面积占33%，GDP占60.2%，地方财政收入占51.1%，固定资产投资占59%，社会商品零售总额占62.2%，作为面积不到全省三分之一的武汉城市经济圈，却集

中了全湖北省一半的人口、六成以上的GDP总量,不仅是湖北经济发展的核心区域,也是中部崛起的重要战略支点。为加强武汉经济圈人才、资源、产业转移等联系和流动,9市政府部门应主动破除市场壁垒,搭建合作平台。工商、人事、教育等部门承诺在市场准入、人才流动、子女入学、居民就业等方面,建立一体化的政策框架,提高城市圈的整体竞争力。正如湖北省委副书记、省长罗清泉指出,建设武汉城市圈,不是"削峰填谷",以牺牲大武汉来帮助"小兄弟"发展,也不是要以大吃小,以大欺小,吸走小城市的人才、购买力等,抢走他们的发展机会,而是要通过互动互补、实现互利共赢。湖北省对武汉城市经济圈的建设确定了"三步走"的发展目标。前期的两个目标已经实现,即武汉城市经济圈已经建成了交通设施高速化、网络化、一体化的基本框架,建设了一批高速通道项目,城市圈内的信息基础设施达到国内先进水平;初步形成了基础设施、市场、产业、城乡、生态建设"五个一体化"格局,并步入工业化中期加速发展阶段;形成了以光电子为代表的高新技术产业群、以轿车制造为重点的机械制造产业群、原材料及新材料产业群、轻工纺织及食品产业群、农产品加工产业群;城市圈人均生产总值达到22833元,城镇居民人均可支配收入达13065元,农民人均纯收入为4242元;万元GDP能耗平均每年降低4%以上,经济社会与人口、资源、环境步入协调发展轨道。该经济圈的远期目标是提前实现全面建设小康社会目标,率先在湖北和中部地区实现信息化、工业化、城市化和现代化,成为我国内陆地区重要的经济增长极之一。

(二)武汉城市经济圈的探索历程

关于武汉城市经济圈的最初构想,可以追溯到20个世纪20年代。当时孙中山先生在《建国方略》中提出要把武汉建成如纽约、伦敦之大。这可以说是武汉城市经济圈的思想雏形。到了20世纪90年代,为发挥武汉"龙头"作用,促进"城城通开、城乡通开",湖北省委、省政府提出,武汉与周边城市之间的经济互动要由自发状态向自主状态全面发展,由此标志着武汉城市圈构想的初步形成。正式提出武汉城市圈概念则是起源于2004年4月7日湖北省委办公厅、省政府办公厅转发的省发改委《关于加快推进武汉城市圈建设的若干意见》,在这份文件里正式提出了武汉城市圈。从此以后,武汉城市圈的探索正式开始了。总的来说,武汉城市圈探索是伴随着国内外经济形势不断深入推进的,它具有深刻的时代背景。

一是全球化与区域化的经济背景。正如有关学者指出,随着经济全球化和区域经济一体化的进程不断加快,城市圈已成为国家和区域社会经济发展的主战场。加快我国中部地区城市圈建设,是推动区域经济一体化、实现国家"中部崛起快"宏观战略的必由之路。[1] 作为在战略、规模、资源、产业、交通等方面居于重要地位的特大城市武汉,要想在经济全球化进程中保持优先发展,以及在国内区域经济竞争中体现竞争优势,必须得顺势而为,调整宏观发展战略,加快发展步伐,因此构建武汉城市圈势在必行。也就是说,国内外经济形势倒逼着武汉城市圈的形成,唯有如此,才能在激烈的经济竞争中享有一席之地。

二是市场经济的发展背景。从区域经济学角度来看,区域一体化会把按照自然地域经济内在联系、商品流向、民族文化传统以及社会发展需要而形成的区域经济联合为一体[2],也就是说,市场经济的发展会将"地理相近、历史相通、人文相亲、经济相融"的不同行政区域连片发展,这样就造成了经济区域与行政区域之间的矛盾。此时政府的有形之

---

[1] 毛汉英,黄金川.区域经济一体化与武汉城市圈"五个一体化"建设[M].北京:经济科学出版社,2007:1-6.

[2] 陈剩勇,马斌.区域间政府合作:区域经济一体化的路径选择[J].政治学研究,2004(1).

手会直接取代市场的无形之手，阻碍区域统一市场的形成。但市场经济的飞速发展越来越冲击着现有的行政疆域，如不打破现有发展障碍，武汉将面临被淘汰的境地。正是这一背景推动了湖北的经济政策设计者精英面对现实，必须构筑大武汉，从更加广阔的视野来布局武汉及周边城市的经济发展，从而推动武汉城市圈的形成。

三是中部崛起战略及武汉现状背景。为使国家经济平衡协调发展，国家出台了支持中部崛起的发展战略，要求中部地区加大结构调整力度，推进农业产业化、改造传统产业，培育新的经济增长点，加快工业化和城镇化进程。要加强东、中、西部经济交流与合作，实现优势互补和共同发展，形成若干各具特色的经济区和经济带。要落实这一国家战略，武汉必须要在城市联动发展中有所作为。同时武汉及周边城市之间发展不平衡的现状也决定武汉城市圈必须重新布局。从湖北省的城市布局和发展来看，各市发展存在着不均衡问题，特大城市武汉"一枝独秀"，GDP约占全省的1/3，城市功能齐全，其他城市与之相比较，规模和实力都相去甚远。而且武汉曾是计划单列市，与全省其他城市的融合交流有限。武汉与周边城市之间，一直存在着产业低、水平重复，缺乏梯度分工；区域基础设施建设缺乏统一规划，协调困难；对外招商引资缺乏沟通，甚至相互杀价等问题。因此，实施武汉城市圈战略，优化资源配置，实现互利共赢，非常迫切和必要。

2004年5月，湖北省成立了推进武汉城市圈建设领导小组及其办公室，办公室设在省发改委发展规划处。紧接着，9市政府也相继成立了由政府主要负责人挂帅，市直各相关部门负责人组成的领导小组及工作机构；武汉市在当年的9月成立了以市长为组长的推进武汉城市圈建设领导小组，办公室设在武汉市经济协调办公室，专门负责武汉市与其他8

市间的交流与合作事项①，省直有关部门也分别成立了工作专班。同时还建立和形成了多层面的联席会制度，为圈内交流与合作提供了良好的平台。至此，一套自上而下的机构体系和运作机制已初步形成。然而在推动城市圈的融合过程中也经历过合作的"阵痛"。在湖北的孝感市就曾有两派意见针锋相对：一种要依托武汉求发展，为此还专门成立了依托武汉办公室；另一种认为武汉会像磁铁一样将资金、人才等吸走，依托武汉只会受"剥削"。尽管如此，武汉城市圈的发展仍在稳步推进。

2006年7月29日，是一个值得湖北人纪念的日子，这一天，《武汉城市圈总体规划》在北京通过专家评审，这意味着武汉城市圈作为湖北省经济增长的核心作用得到了国家层面的认可，同时也使该城市圈成为促进湖北乃至中部地区崛起的重要经济区域。

二、武汉城市经济圈调控的软硬法实践

（一）武汉城市经济圈调控的软法实践

一是出台相关软法性质的文件，确立武汉城市经济圈内相关制度。主要有两大类。第一类是出台专项工作的指导性文件，使武汉城市圈各项工作能够正常运转。2004年，湖北省政府下发《省发展和改革委员会关于加快推进武汉城市圈建设的若干意见》（以下简称"意见"），提出构建武汉城市圈工作协调推动机制，即"成立武汉城市圈发展协调工作领导小组，省政府主要领导同志任组长、各城市主要负责人和省直有关部门负责人为成员、负责武汉城市圈建设的领导、组织和协调工作。领导小组下设办公室、负责日常具体组织协调工作。建立健全市长联系会

---

① 王小增，龙朝双. 基于武汉城市圈的政府合作协调机制研究［J］. 湖北社会科学，2007（1）：59-62.

议制度、定期或不定期召开专题工作会议、检查领导小组工作会议确定的重大战略、重大政策、重大项目的落实情况、提出下一步工作任务和需要领导小组研究的重大战略和政策问题。"[1] 第二类是出台实施城市经济圈的政策性文件,全面启动武汉城市圈的打造方案。在国务院批准《武汉城市圈资源节约型和环境友好型社会建设综合配套改革试验总体方案》后,为配合总体方案的顺利实施,湖北省委、省政府等相关部门制定了数十部政策性文件,其中典型的软法性文件有《湖北省人民政府关于加强部省合作共建推进武汉城市圈综合配套改革试验的指导意见》《武汉城市圈总体规划》《湖北省人民政府关于推进土地管理改革促进武汉城市圈"两型"社会建设的意见》《武汉城市圈综合配套改革试验三年行动计划(2008—2010)》。上述文件,无论是从规范结构,还是从实施方式等方面,均带有软法的特征,因而属于武汉城市圈的软法调控。

二是签订软法性质的行政协议,搭建合作平台。主要有三种形式:第一,武汉城市圈内之间的合作协议。2006年9月,武汉城市圈内9城市签订了《武汉城市圈政府法制合作框架协议》,构建以建立圈内各城市政策措施定期清理制度,政策制定的磋商、协调、联动机制,行政执法协调合作机制,重大疑难行政复议、行政诉讼应诉和仲裁案件通报制度,政府法制工作文件交换和信息互通制度,政府法制宣传与理论研究的长效机制以及武汉城市圈政府法制工作联席会议制度为主要内容的武汉城市圈法制合作协调机制。第二,省部之间签订促进武汉经济圈发展的专项协议。2009年3月27日,环境保护部(现生态环境部)与湖北省人民政府签署了《共同推进武汉城市圈"两型"社会建设合作协议》。该协议规定成立部省共建武汉城市圈环境保护综合改革国家试验区领导小组,

---

[1] 参见《省发展和改革委员会关于加快推进武汉城市圈建设的若干意见》,鄂办发〔2004〕26号

组长由环境保护部（现生态环境部）和湖北省人民政府主要领导共同担任，领导小组下设办公室，负责共建日常工作，每年召开一次领导小组会议，研究环境保护改革中的重大问题，及时指导改革试验工作。这体现出对武汉城市圈区域经济发展的重视与支持，也为其他部委参与武汉城市圈经济发展和法制建设提供了参考。第三，武汉城市圈内部门之间签订专项协议。为打破武汉城市圈内的区域性市场壁垒，深化圈内市场化改革，9城市工商部门迅速行动，在消除区域市场壁垒上进行了一系列联合行动，制定了推进城市圈市场一体化的市场管理的有关制度和工作部署。2004年签订了武汉城市圈工商行政管理合作协议，制定了武汉城市圈市场主体准入一体化、依法维权一体化、企业信用一体化、监管执法一体化、信息共享、二部交流等各项工作方案，并建立了工商管理合作组织框架。这些对于进一步破除区域性市场壁垒、推进城市圈市场一体化具有明显的促进作用。

（二）武汉城市经济圈调控的硬法实践

为使武汉城市圈的经济合作与交流更加规范化和有序化，促进各类调控主体、受控主体的合作行为有法可依，湖北省的立法机关与行政机关进行了不断的探索，并创造性地制定了相关地方性政府规章和地方性法规，这些硬法层面的调控，将武汉城市经济圈的合作推向法治化的轨道。

一是政府规章方面，湖北省人民政府以部门规章的形式下发了五个纲要，即《武汉城市圈"两型"社会建设综合配套改革试验空间规划纲要》《武汉城市圈"两型"社会建设综合配套改革试验产业发展规划纲要》《武汉城市圈"两型"社会建设综合配套改革试验综合交通规划纲要》《武汉城市圈"两型"社会建设综合配套改革试验社会事业规划纲要》《武汉城市圈"两型"社会建设综合配套改革试验生态环境规划纲要》。这五个纲要，把武汉城市经济圈的发展重点问题——空间规划、产业发展规划、综合交通规划、社会事业规划及生态环境规划——以专项形式予以明确，今后武汉城市经济圈内各级政府在发展上述计划时就有了确切的依据，不再各行其是，也不会重复设计、重复建设，而会从整个经济圈的发展角度进行规划，突破了本级政府规划中的不足。

二是地方性法规方面，通过了首部适合省情的武汉经济的地方性法规。2009年7月31日，湖北省第十一届人民代表大会常务委员会第十一次会议通过了规范武汉城市圈综合配套改革的地方性法规——《武汉城市圈资源节约型和环境友好型社会建设综合配套改革试验促进条例》。该条例从立法目的、指导思想、适用范围、调控主体、合作机制、产业布局、金融财税体制等方面进行了详细的规定，赋予了调控主体先行先试权，为武汉城市经济圈走新型工业化、城市化的发展道路提供了法制支撑，有力地推动了武汉城市经济圈调控的法治化步伐。

结 语

区域经济合作与调控是我国现行区域经济一体化过程中一个非常重要而又紧迫的课题。本书在前人的研究基础之上,结合我国区域经济调控的实践,提出区域经济法治化的观点,并指出法治化过程要重视软法与硬法层面的有机结合。所谓经济软法,是经济领域的国家法,是正式的法律规范体系,经济软法可概括为在国家法之外,具有相当于或类似于经济硬法的约束力的行为规范体系。只有在我国区域经济调控过程中采取软硬兼施的策略,才能把区域经济调控推向法治化、长久化的轨道。

本书虽已初步成稿,但笔者仍对研究中存在的一些问题深感思考不周、理论探讨不够成熟、论证方式不够完善。以笔者提出的软法调控为例,软法在区域经济调控中固然较硬法有更多的优势,如创制主体多元化、执行方式灵活化、制定程序开放性、实施方式民主性等,也就是说,它具有更大的可操作性。但是我们也要看到其先天性的一些缺陷:软法的执行力度、监督方式、责任机制等,这些已成为批判软法学者津津乐道的话题。在现实操作中,以行政协议为基础的软法调控缺乏对法律效力的明确规定,不仅使许多协议成为一纸空文,导致各方合作破裂,造成区域间各行政主体间的矛盾,更会使区域合作成员丧失信任和归属感,最终致使区域经济发展举步维艰。① 当然，尽管软法有这样或那样的缺陷，但不可否认的是，它已为我国区域经济调控带来了实实在在的影响，并取得了相当多的成果，因此，现实的区域经济调控中，还应引进软法之治。正如北京大学罗豪才教授指出的，对照科学发展与和谐社会的要求，中国的法治化应当重视软法之治。需要改进的是，要进一步完善软法的硬度，即在硬法中承认行政协议的合法性，增加行政协议的监督条款和责任条款；同时在制定经济硬法时，也要注重硬法的软性，体现可操作性。

总之，我国区域经济调控法治化问题研究应有更加深入的挖掘，在今后的研究与学习中，笔者将不断引入新的内容，完善书中的观点。对于书中的不足，敬请各位专家、学者、同仁指正。

---

① 参见：周叶中，曹阳昭. 我国区域法制建设论纲（武汉大学周叶中教授主持的国家发展和改革委员会项目"促进区域协调发展的法律框架"的前期成果）.

参考文献

一、著作类

1. 罗豪才. 软法与公共治理 [M]. 北京：北京大学出版社，2006.

2. 罗豪才，宋功德. 软法亦法：公共治理呼唤软法之治 [M]. 北京：法律出版社，2009.

3. 李昌麒. 经济法学 [M]. 北京：中国政法大学出版社，1999.

4. 邓小平. 邓小平文选：第 3 卷 [M]. 北京：人民出版社，1995.

5. 程必定. 区域经济学 [M]. 合肥：安徽人民出版社，1989.

6. 聂华林，高新才. 区域发展战略学 [M]. 北京：中国社会科学出版社，2006.

7. 徐国弟，陈玉莲. 西部大开发战略的理论基础和实施对策 [M]. 北京：中国计划出版社，2002.

8. 马海涛. 财政转移支付制度 [M]. 北京：中国财政经济出版社，2004.

9. 吴殿廷. 区域经济学 [M]. 北京：科学出版社，2003.

10. 张秀生，张平. 中国区域经济发展 [M]. 武汉：中国地质大学出版社，2009.

11. 鲁勇. 行政区域经济［M］. 北京：人民出版社，2002.

12. 何渊. 区域性行政协议研究［M］. 北京：法律出版社，2009.

13. 陆大道，薛凤旋. 1997 中国区域发展报告［M］. 北京：商务印书馆，1998.

14. 张军洲. 区域金融分析［M］. 北京：中国经济出版社，1995.

15. 赵曦. 21 世纪中国西部发展探索［M］. 北京：科学出版社，2002.

16. 陈佳贵，李扬. 经济蓝皮书：2011 年中国经济形势分析与预测［M］. 北京：社会科学文献出版社，2011.

17. 高培勇，宋永明. 公共债务管理［M］. 北京：经济科学出版社，2004.

18. 魏志达编. 递进中的崛起：中国区域经济发展考察（1979—2009）［M］. 上海：东方出版中心，2011.

19. 卫鹏鹏. 中国区域经济协调发展机制研究［M］. 武汉：中国地质大学出版社，2009.

20. 刘隆亨. 中国区域开发的法制理论与实践［M］. 北京：北京大学出版社，2006.

21. 潘静成，刘文华. 经济法［M］. 北京：中国人民大学出版社，1999.

22. 李正华. 经济法［M］. 北京：中国人民大学出版社，2002.

23. 孙同鹏. 经济立法问题研究——制度变迁与公共选择的视角［M］. 北京：中国人民大学出版社，2004.

24. 张可云. 区域大战与区域经济关系［M］. 北京：民主与法制出版社，2001.

25. 中国科学院可持续发展战略研究组. 2004 中国可持续发展战略报

告［M］．北京：科学出版社，2004．

26. 裴叔平，周叔莲，陈栋生．中国地区产业政策研究［M］．北京：中国经济出版社，1990．

27. 汪同三，齐建国．产业政策与经济增长［M］．北京：改革出版社，1997．

28. 张正钊．行政法与行政诉讼法［M］．北京：中国人民大学出版社，1999．

29. 杨丽艳．区域经济一体化法制制度研究——兼评中国的区域经济一体化法律对策［M］．北京：法律出版社，2004．

二、论文类

1. 王春业．长三角经济一体化的法制协调新模式［J］．石家庄经济学院学报，2007（6）．

2. 赵若愚．国家投资法视野下的区域发展战略［J］．湖南行政学院学报，2007（2）．

3. 叶必丰．长三角经济一体化背景下的法制协调［J］．上海交通大学学报（哲学社会科学版），2004（6）．

4. 戴敏．宏观调控行为法律责任的认定与归结初探［J］．湘潭大学学报（哲学社会科学版），2005（S1）．

5. 徐孟洲．论区域经济法的理论基础与制度构建［J］．政治与法律，2007（4）．

6. 吴志攀．经济区域化对法制的影响［J］．法学，2003（7）．

7. 尹中卿．国外依靠法律促进地区均衡发展的有益经验［J］．民主与法制建设，2001（8）．

8. 邓慧慧，李慧榕．区域一体化与企业成长——基于国内大循环的

微观视角 [J]. 经济评论, 2021 (3).

9. 赵海峰, 张颖. 区域一体化对产业结构升级的影响——来自长三角扩容的经验证据 [J]. 软科学, 2020, 34 (12).

10. 刘志彪, 徐宁. 统一市场建设：长三角一体化的使命、任务与措施 [J]. 现代经济探讨, 2020 (7).

11. 单飞跃. 经济法基本原则研究 [J]. 经济法论坛, 2003 (1).

12. 赵承. 促进区域协调发展——四大经济板块勾画区域发展的完整蓝图 [J]. 党建, 2006 (3).

13. 杨三正. 宏观调控权配置原则论 [J]. 现代法学, 2006 (6).

14. 李剑林. 基于发展观演变的中国区域经济发展战略及空间格局调整 [J]. 经济地理, 2007 (6).

15. 周继红, 王立民. 科学发展观视角下的区域经济立法问题研究 [J]. 青海师范大学学报（哲学社会科学版）, 2005 (4).

16. 刘瑞翔. 区域经济一体化对资源配置效率的影响研究——来自长三角26个城市的证据 [J]. 南京社会科学, 2019 (10).

17. 彭洋, 许明, 卢娟. 区域一体化对僵尸企业的影响——以撤县设区为例 [J]. 经济科学, 2019 (6).

18. 饶品贵, 王得力, 李晓溪. 高铁开通与供应商分布决策 [J]. 中国工业经济, 2019 (10).

19. 袁孝宗. 试论区域经济协调发展的金融法调控 [J]. 法制与经济, 2006 (12).

20. 陈寿华. 试论经济立法在促进区域发展中的作用 [J]. 常州工学院学报, 2005 (6).

21. 王明琴, 董刚. 区域经济发展中的效率与公平问题 [J]. 工业技术经济, 1996 (2).

22. 毕金平, 史山山. 区域协调发展的比较研究 [J]. 法制与社会, 2009 (4).

23. 章辉. 论区域经济协调发展的经济法基础——从公平理念的视角 [J]. 大庆师范学院学报, 2006 (1).

24. 周继红. 我国区域经济协调发展法治化内涵研究 [J]. 北方法学, 2011, 5 (4).

25. 董玉明. 区域经济法律调整的二元结构解析 [J]. 山西大学学报 (哲学社会科学版), 2004 (3).

26. 雷文亮, 马骥, 彭正亮. 长株潭区域经济一体化分析 [J]. 经济研究导刊, 2011 (15).

27. 姜国华, 饶品贵. 宏观经济政策与微观企业行为——拓展会计与财务研究新领域 [J]. 会计研究, 2011 (3).

28. 赵永亮, 刘德学. 市场歧视、区际边界效应与经济增长 [J]. 财经研究, 2009 (2).

29. 刘水林, 雷兴虎. 区域协调发展立法的观念转换与制度创新 [J]. 法商研究, 2005 (4).

30. 宣文俊. 关于长江三角洲地区经济发展中的法律问题思考 [J]. 社会科学, 2005 (1).

31. 郭凤典, 刘志高. 我国典型地方产业集群及其存在的潜在问题 [J]. 江汉论坛, 2003 (5).

32. 刘小勇, 李真. 财政分权与地区市场分割实证研究 [J]. 财经研究, 2008 (2).

33. 朱颖俐. 区域经济合作协议性质的法理分析 [J]. 暨南学报 (哲学社会科学版), 2007 (2).

34. 李猛. 中国区域非均衡发展的政治学分析 [J]. 政治学研究,

2011 (3).

35. 许忠建. 论长株潭经济一体化制度创新的着力点 [J]. 湖湘论坛, 2007 (5).

36. 黄伟, 张梅. 论统筹区域发展的财政税收立法 [J]. 湖北民族学院学报 (哲学社会科学版), 2006 (6).

37. 李克歆. 经济法的"平衡协调论"与行政法的"平衡论" [J]. 学术交流, 2006 (11).

38. 唐瑾. 长株潭经济一体化中推进县域城镇大发展的思考 [J]. 湖南经济, 2002 (4).

39. 叶建亮. 知识溢出与企业集群 [J]. 经济科学, 2001 (3).

40. 唐宇文, 蔡建河. 长株潭产业一体化发展研究 [J]. 经济地理, 2002 (4).

41. 李万. 略论长株潭城市基础设施一体化及意义 [J]. 湖南经济, 2000 (4).

42. 彭忠益, 边宁, 张存良. 论长株潭经济一体化中地方政府职能"四大转变" [J]. 科技信息 (学术版), 2006 (10).

43. 肖周录, 赵俊芳. 西部经济发展与法制建设的若干问题 [J]. 中国法学, 2000 (4).

44. 尹中卿. 国外依靠法律促进地区均衡发展的有益经验 [J]. 民主与法制建设, 2001 (8).

45. 李树桂. 我国区域经济政策的调整和完善 [J]. 经济体制改革, 1998 (1).

46. 朱希伟, 金祥荣, 罗德明. 国内市场分割与中国的出口贸易扩张 [J]. 经济研究, 2005 (12).

47. 徐现祥, 王贤彬, 舒元. 地方官员与经济增长——来自中国省长、省委书记交流的证据[J]. 经济研究, 2007 (9).

48. 宋林飞. "苏南模式"的重大理论与实践问题[J]. 江海学刊, 2001 (3).

49. 佘之祥. 长江流域的开发开放与地理学研究[J]. 地理学报, 1994 (S1).

50. 刘剑文, 杨君佐. 关于宏观调控的经济法问题[J]. 法制与社会发展, 2000 (4).

51. 王永钦, 张晏, 章元, 陈钊, 陆铭. 中国的大国发展道路——论分权式改革的得失[J]. 经济研究, 2007 (1).

52. 杨三正, 王肃元. 论宏观调控合法性的公众评判依据[J]. 法学评论, 2007 (5).

53. 徐孟洲. 对制定《宏观经济调控法》的构思[J]. 法学杂志, 2001 (3).

54. 曾明. 长株潭一体化的经济法思考[J]. 湖南人文科技学院学报, 2007 (1).

55. 周国华, 朱翔, 罗文章. 试论长株潭城市群开发区群体一体化发展[J]. 城市规划汇刊, 2001 (3).

56. 宁越敏, 施倩, 查志强. 长江三角洲都市连绵区形成机制与跨区域规划研究[J]. 城市规划, 1998 (1).

57. 马光荣, 程小萌, 杨恩艳. 交通基础设施如何促进资本流动——基于高铁开通和上市公司异地投资的研究[J]. 中国工业经济, 2020 (6).

58. 黄伟, 张梅. 论统筹区域发展的财政税收立法[J]. 湖北民族学院学报(哲学社会科学版), 2006 (6).

59. 龚凤娥, 李先维. 论长株潭城市群发展战略的机制保障[J]. 生态经济，2009（1）.

60. 刘友金，王记志. 创新资源配置集聚效应及其对长株潭经济一体化的启示［J］. 湖南社会科学，2001（3）.

61. 刘涛. 行政区经济——长株潭经济一体化的瓶颈［J］. 经济地理，2005（5）.

62. 吴新颖，邓子纲. 长株潭新特区区域经济发展的方向与出路［J］. 经济地理，2008（3）.

63. 籍瑞芬，刘志，谭艺平. 基于可持续发展视角的长株潭地区都市休闲农业初探［J］. 安徽农业科学，2008（4）.

64. 龚昌微，赵敬. 推进城市化促进长株潭经济一体化研究［J］. 湖南科技学院学报，2006（7）.

65. 邓云峰. 长株潭经济一体化格局下湘南经济发展的战略选择［J］. 湖湘论坛，2011，24（3）.

66. 赵玉静，臧淑英，刘启强. 东北老工业基地经济一体化的调整模式初探［J］. 测绘与空间地理信息，2008（3）.

67. 刘中超，吴笛. SWOT分析城际铁路对长吉一体化的影响［J］. 华章，2011（19）.

68. 周松涛. 论湖南经济增长极——长株潭城市群的构建［J］. 湖湘论坛，2009，22（2）.

69. 李刚. 论税收调控法与税法基本原则的关系［J］. 厦门大学学报（哲学社会科学版），2008（3）.

70. 来亚红. 长株潭区域经济一体化发展的现状、问题与出路［J］. 职业圈. 现代软科学，2006（3）.

71. 吴敬琏. "十二五"中国宏观经济态势和展望［J］. 探索与争鸣，2011（19）.

72. 董洪超，蒋伏心. 交通基础设施对中国区域市场一体化的影响研究——基于动态面板模型的实证分析［J］. 经济问题探索，2020（5）.

73. 殷洁. 我国区域经济一体化背景下的经济法制协调［J］. 江西社会科学，2007（12）.

74. 杨小军. 从我国区域经济发展战略演进看公平与效率目标的选择［J］. 江西社会科学，2008（2）.

75. 曹春方，夏常源，钱先航. 地区间信任与集团异地发展——基于企业边界理论的实证检验［J］. 管理世界，2019，35（1）.

76. 刘兆德，陈素青，王慧. 长江三角洲地区经济社会一体化初步研究［J］. 中国软科学，2004（5）.

77. 王良健，侯文力. 长株潭一体化进程中经济互补性研究［J］. 财经理论与实践，2001（6）.

78. 张亚斌，艾洪山. 两型社会建设与新型产业体系的构建［J］. 湖南大学学报（社会科学版），2009，23（4）.

79. 蔡宁，吴结兵. 企业集群的竞争优势：资源的结构性整合［J］. 中国工业经济，2002（7）.

80. 尹西明. 宏观调控的法律规制［J］. 河北法学，2004（5）.

81. 徐孟洲. 对制定《宏观经济调控法》的构思［J］. 法学杂志，2001（3）.

82. 万涛. 长株潭城市群研究综述［J］. 城市，2008（10）.

83. 周牧云. 长株潭城市群利用外资的现状分析［J］. 财经界，2010（2）.

84. 陈伟伟，张琦. 系统优化我国区域营商环境的逻辑框架和思路［J］. 改革，2019（5）.

85. 赵宏伟. 深化"放管服"改革优化区域营商环境［J］. 中国行政

管理，2019（7）.

86. 祝志勇，刘昊. 市场分割、地区异质性与经济增长质量［J］. 改革，2020（4）.

87. 谢红星. 营商法治环境评价的中国思路与体系——基于法治化视角［J］. 湖北社会科学，2019（3）.

88. 吴净. 我国区域经济协调发展中若干理论问题思考——兼析区域经济协调发展的本质与内涵［J］. 区域经济评论，2013（6）.

89. 郭亚莉. 西北地区政务环境的现实困境及优化路径［J］. 财经理论研究，2019（2）.

90. 侯鹏，孟宪生. 新时代我国区域经济一体化的空间战略［J］. 甘肃社会科学，2019（2）.

91. 李志军，张世国，李逸飞，等. 中国城市营商环境评价及有关建议［J］. 江苏社会科学，2019（2）.

92. 吴江. "放管服"改革助推服务型政府建设［J］. 人民论坛，2019（7）.

93. 杜维超. 论新时代法治评估的区域化转向［J］. 法治现代化研究，2018，2（6）.

94. 万玲. 打造良好营商环境的关键节点：深化行政审批制度改革［J］. 行政与法，2018（10）.

95. 陈彦夫. 打造良好的政务环境和营商环境［J］. 四川党的建设，2018（20）.

96. 张盼. 我国企业营商环境法治化保障路径研究［J］. 人民法治，2018（19）.

97. 张志铭，王美舒. 中国语境下的营商环境评估［J］. 中国应用法学，2018（5）.

98. 弓顺芳. 优化营商环境视域下"放管服"改革的整体性治理研究 [J]. 经济研究导刊, 2019 (4).

99. 周绍杰, 王有强, 殷存毅. 区域经济协调发展: 功能界定与机制分析 [J]. 清华大学学报 (哲学社会科学版), 2010, 25 (2).

三、论文集类

1. 赵静, 张明涛, 胡少波. 长株潭经济一体化过程中的区域环境立法问题研究 [A]. 资源节约型、环境友好型社会建设与环境资源法的热点问题研究——2006 年全国环境资源法学研讨会论文集 (三) [C]. 2006.

2. 刘丽, 赵敏, 秦普丰, 等. 长株潭城市群发展低碳经济的思考 [A]. 2010 中国环境科学学会学术年会论文集 (第一卷) [C]. 2010.

四、外文类

1. CARLO ALTOMONTE. Regional Economic Integration and the Location of Multinational Firms [J]. Review of World Economics, 2007, 143 (2).

2. Keek Park, Friends and Competitors: Policy Interaction between Local Governments in Metropolitan Areas, Political Research Quarterly, Dec, 1997.

3. Brian A Ellison, Intergovernmental Relations and the Advocacy Coalition Framework: The Operation of Federalism in Denver Water Politics, Publics, Fall 1998.

4. Francis Snyder, "Soft Law and Institutional Practice in the European Community", Steve Martin: The Construction of Europe: Essays in Honour of Emile Noel, Kluwer Academic Publishers.

五、学位论文类

1. 资娟. 长株潭经济一体化中的区域增长极研究［D］. 长沙：湖南大学，2009.

2. 石宏长. 长株潭区域经济一体化研究［D］. 南昌：南昌大学，2007.

3. 王珊. 长株潭城市群空间结构优化研究［D］. 长沙：湖南师范大学，2008.

4. 黄常辉. 长株潭地区产业结构对环境质量的影响研究［D］. 长沙：湖南大学，2009.

5. 邢志敏. 长株潭区域与长三角区域扩散—回波效应的比较研究［D］. 长沙：湖南大学，2007.

6. 文石金. "复合行政"视角下长株潭城市群政府管理创新研究［D］. 长沙：湖南大学，2008.

7. 边宁. 长株潭经济一体化中地方政府职能转变的问题研究［D］. 长沙：中南大学，2006.

8. 刘莎. CEPA效应下长株潭一体化必要性的实证分析［D］. 北京：对外经济贸易大学，2007.

9. 滕晓雯. 论长株潭区域经济一体化进程中的领导沟通［D］. 长沙：中南大学，2006.

10. 廖素清. 长株潭产业结构演进及其优化研究［D］. 长沙：湖南大学，2009.

后　记

愿时光清浅，许以安然。

疫情时节里，与文字为伍，倒有几分别样精彩；原来，静心、码字，一动一静之间，亦可彰显人生。

工作之后开展问题研究，总是予人以"时间到哪里去了"的感慨，写写停停、停停写写，数月的修修补补，终于完成人生第三部作品。

区域经济调控从来不是一个简单的法律问题，也不是一个单纯的政策问题，而是一个综合性很强的问题。选取法治化的视角并非单纯从传统的国家法来研究，本书通过吸收近年来公法领域研究软法的最新成果，将软法引进区域经济调控法治化进程中。当然，这是本书的创意，也期待能够打开执政者调控区域经济的法律思维。唯如是，则不负初心。

研究问题往往从提出问题或发现问题开始，为了解决问题而研究问题，或许撷取理论浪花，或许开展有益实践，在研究中独得其乐，甚为欣慰。有时也很艰难，面对百思不得其解的问题，数日难眠、耿耿于怀，其煎熬、其郁闷，非常人能忍，非经历者能察。百炼成钢，集金刚不变之身；化茧成蝶，淬御百毒不侵之心。时至今日，始成。

今拙作既成，略有小结，借此片纸，聊表谢悦。首先要感谢我的父母，是他们给了我生命和力量，尤其是想到父亲在世时面对生活苦难坚毅前行，我的内心充满力量和坚定的信念。其次要感谢我的妻子和儿子，他们是我生命中最重要的人和忠实的支持者，没有妻子的鼎力支持，我无法完成如此艰难的任务，当"半路出家"的我面临理论储备不足的困境时，是她的循循善诱为我扫清研究之路上的盲点；没有儿子的鼓励，我可能无法坚持下来，每当我想要退缩时，儿子的一句"爸爸，我相信你行"，瞬间让我泪目。最后，要感谢我哥哥和姐姐及其家人，是他们的鼓励和殷之期待，让我不敢懈怠，不愿辜负，给我前行的无限动力。

邓晔

2022 年 9 月 26 日